KUNTERBUNT

Unser Sprachbuch für Klasse 2

Neubearbeitung

mit Lateinischer Ausgangsschrift

Herausgegeben und erarbeitet
von
Horst Bartnitzky
und
Hans-Dieter Bunk

Illustriert von
Wolfgang Metzger

Ernst Klett Grundschulverlag
Leipzig Stuttgart Düsseldorf

Inhalt

Inhalt

Diese Zeichen werden verwendet:

 Schreibaufgabe   Differenzierungsaufgabe   Diktierabschnitt   📖 Erklärung eines Fachbegriffs im Anhang

1

Kommt, wir machen was zusammen!

Wir lieben den Zoo

Unser Klassenausf...
Schon kurz nach 8 U...
am Dienstag die K...
Klasse 2 b in ihren...
Ausflugs-Tag...
zum...

Bärenstark, was wir zusammen machen können!

MAX

Märch

Die Klass
lädt ein
Märchen

Wann: Montag 4.5. 1

Wo: Klassenzimmer der 2b

LERNEN - SPIELEN
KUNTERBUNT
in der Schule ... geht es rund...

Rosinenkuchen
500 g Mehl
½ L Milch

Was wir gerne machen

malen lesen lachen streiten rechnen feiern basteln schwimmen schmusen schreiben singen

einkaufen fernsehen spielen Rad fahren verkleiden

1 Malt und schreibt, was ihr gerne macht.
Hängt eure Wörter und Bilder auf.

2 Was macht ihr lieber allein?
Was macht ihr gern mit anderen?

Ich kann lernen, ich kann lachen, ich kann auch mal Unsinn machen.

3

Das mache ich gern allein:	Das mache ich gern mit anderen zusammen:
lesen	lachen

4 Schreibe auf, mit wem
du etwas besonders gern tust.

Ich spiele gern mit Martina.
Ich 〜〜〜〜〜 gern mit 〜〜〜〜〜.

5 Versuche den Spruch von Max auswendig zu sagen
und dann aufzuschreiben.

· zu eigenen Tätigkeiten malen, erzählen und schreiben ·
· Mini-Projekt: Dokumentation von Lieblingstätigkeiten ·

Komm, wir machen was zusammen!

Tim, allein
Langeweile, es regnet

Telefon
Tim ruft Lisa an
fragt, schlägt vor

1 Was könnten Tim und Lisa zusammen machen?

2 Spielt das Telefongespräch.

3 Male, was Tim und Lisa nun machen.

> Tim ist allein.
> Es regnet.
> Er hat Langeweile.
> Da geht er zum Telefon.

4 Schreibe die ganze Geschichte.
Oder:
Schreibe so eine Geschichte von dir.

Was wird denn hier „gemaxt"?

singen

lesen

feiern

wedeln

backen

1 **Lisas Geburtstag**

Lisa maxt ihren Geburtstag.

Ihre Mama maxt Lisas Lieblingskuchen.

Ihr Papa maxt ein Geburtstagslied.

Der Dackel Nero maxt

mit seinem Schwanz dazu.

Verändert die Geschichte so,
dass man sie verstehen kann.
Die Wörter am Rand helfen dabei.

2 *Schreibe die veränderte Geschichte auf.*
Dazu brauchst du diese Wörter:
singt, wedelt, backt, feiert.

lachen

rechnen

schreiben

sagen

3

Eine Rechenaufgabe für Tim

Die Lehrerin maxt eine Aufgabe an die Tafel:

7 Autos + 8 Autos + 6 Autos =

„Wer maxt die Aufgabe aus?"

Tim maxt und maxt.

Dann maxt er: „Sieben Autos plus acht

Autos plus sechs Autos – das ist ein Stau!"

Da müssen alle maxen, auch Tim maxt mit.

Verändert auch diese Geschichte.

· passende Verben Texten zuordnen · einen Text schreiben ·

· vorbegrifflich mit Wortart Verb umgehen ·

Ich und wir

1 Setze für „maxen" die Wörter von Seite 8 ein.

2 Schreibe drei Sätze, die mit Ich anfangen, und drei Sätze, die mit Wir anfangen.

3 Schreibe mit den Wörtern drei Unsinn-Sätze.
Ich backe gern einen Brief.

4 Am Ende deiner Sätze muss ein Punkt stehen.
Schau noch mal nach.

· passende Verben in flektierter Form einsetzen und schreiben ·
· Unsinnsätze schreiben · Punkt am Ende des Aussagesatzes ·

9

zusammen
lachen
rechnen
schreiben
singen
lesen
feiern
?

Merkwörter üben

Merkwörter muss ich mir immer merken.

Merkwörter stehen immer in solchen Kästen.
Das Fragezeichen heißt hier:
Du kannst ein Merkwort dazu wählen,
das für dich besonders wichtig ist.

Abschreiben in vier Schritten

Übungstipp 1

Schreibe die Merkwörter ab.
Arbeite so:

1. Schritt: lesen

2. Schritt: einprägen

Flüstere leise das Wort,
ganz langsam und genau.
Schließe die Augen und schreibe das Wort
mit den Fingern auf den Tisch.

3. Schritt: aufschreiben

Schreibe das Wort auswendig ins Heft.

4. Schritt: kontrollieren

Vergleiche Buchstaben für Buchstaben.
Hast du alles richtig geschrieben? – Prima!
Hast du einen Fehler?
Dann streiche das Wort durch
und übe es noch einmal.

Ordne die Merkwörter der Länge nach.
Das kürzeste Wort kommt nach oben.

lesen
lachen

1 **Wir machen das zusammen**
Lesen, schreiben und rechnen,
singen, feiern und lachen,
das kann ich mit dir
zusammen machen.

Selbstdiktat

Übe den Text in vier Schritten,
immer bis zum .

Partnerdiktat

Wir machen das zusammen

Halt!

~~mahen~~

machen

Ein Kind diktiert,
das andere schreibt.

Bei einem Fehler
„Halt" sagen

und das Fehlerwort
verbessern.

Zum Schluss noch einmal gemeinsam
den ganzen Text vergleichen.

Zusammen im Schwimmbad

Nach zehn Minuten fragt Tim: „Papa, können wir aufhören?"

Vater sagt: „Hast du keine Lust mehr?"

Vater ist mit Tim im Schwimmbad. Tim soll schwimmen lernen.

Da antwortet Tim: „Doch, aber ich habe keinen Durst mehr."

1 Nimm vier Zettel.
Schreibe die Texte darauf.
Ordne die Zettel so,
dass eine Geschichte daraus wird.

2 Denke dir eine Überschrift aus.
Schreibe sie oben auf dein Blatt,
klebe deine Zettel in der
richtigen Reihenfolge darunter.

Ein Spiel ohne Worte

3 Du spielst den anderen Kindern vor,
was du gerne machst.
Dabei sprichst du kein Wort.
Die Kinder raten,
was du meinst.

Guten Tag!

Hallo, Kids!

Ade! *Moin!* *Hallo!* *Gute Nacht!*

Guten Morgen! *Grüß Gott!*

Auf Wiedersehen! *Tschüss!*

1 Was sagt ihr, wenn ihr euch begrüßt
und wenn ihr euch verabschiedet?
Was sagt ihr
• zu anderen Kindern,
• zu euren Eltern, eurer Oma, eurem Opa,
• zur Lehrerin, zum Lehrer,
• zu fremden Leuten?

Merhaba, Hatice! *Kalimera, Elena!* *Grüezi, Toni!* *Good morning, Patrick!* *Bonjour, René!*

2 In welchen Ländern begrüßen sich die Leute so?

3 Könnt ihr euch in der Klasse in verschiedenen
Sprachen begrüßen?

Wie ist es in der Schule?

Unser Klassentagebuch

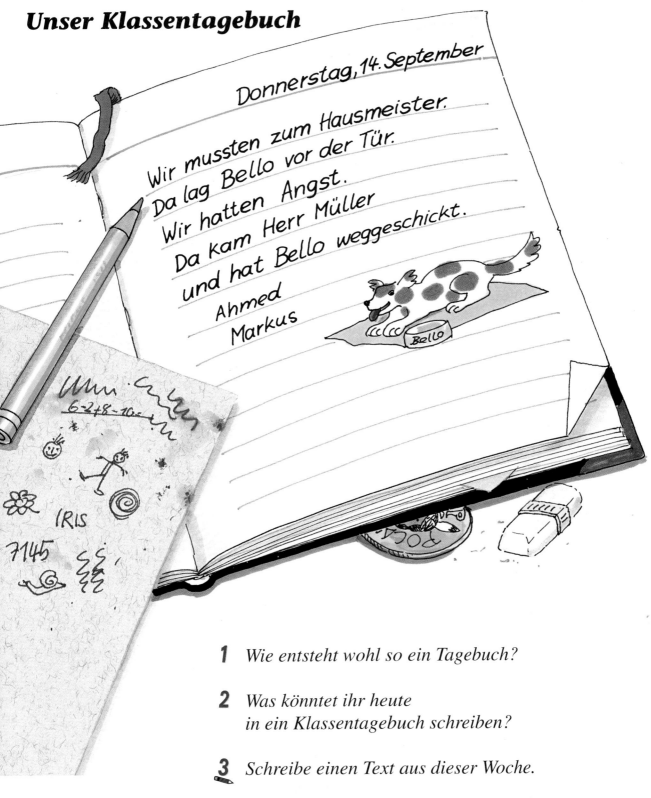

Donnerstag, 14. September

Wir mussten zum Hausmeister.
Da lag Bello vor der Tür.
Wir hatten Angst.
Da kam Herr Müller
und hat Bello weggeschickt.

Ahmed
Markus

1 Wie entsteht wohl so ein Tagebuch?

2 Was könntet ihr heute
in ein Klassentagebuch schreiben?

3 Schreibe einen Text aus dieser Woche.

· Mini-Projekt: Klassentagebuch · Schreibregelungen für ein Klassentagebuch überlegen ·
· Schreibideen sammeln · Text für Klassentagebuch schreiben ·

15

Unsere Klasse: Das sind wir

1 So könnt ihr ein **Wir-Buch** eurer Klasse machen:

1. Jeder malt sich und schreibt seinen Namen dazu.
2. Ordnet alle Blätter nach dem ABC.
3. Malt noch ein Titelblatt.
4. Heftet nun alle Blätter zusammen oder locht sie und bindet einen Faden durch.

Alle Kinder unserer Klasse

A	Andrea
B	Björn, Brigitte
C	Claudia
D	
E	Ellen
F	
G	Gonül
H	Holger
I	

Das Kinder-ABC

2 Schreibt eure Namen in eine ABC-Liste.

3 Zu vielen Buchstaben habt ihr keine Namen in der Klasse.
Sammelt auch hierzu Kindernamen.

· Mini-Projekt: Gestaltung eines Buches „Das sind wir" ·
· Namen nach ABC sortieren ·

Übungstipp 5

 – Heft

*Mit einem eigenen ABC-Heft kannst du
schwierige Wörter üben und nachschlagen.
Merkwörter schreibst du immer ins ABC-Heft.*

So legst du dein ABC-Heft an:

1 *Nimm ein dickes Schreibheft (Vokabelheft DIN A5).
Schreibe oben auf jede rechte Seite die Buchstaben.*

So trägst du Wörter in dein ABC-Heft ein:

Achte auf die Anfangsbuchstaben:
lachen *schreibst du auf die* **L/l-***Seite,*
zusammen *auf die* **Z/z-***Seite und so weiter.*

2 *Trage die Merkwörter von Seite 10
in dein ABC-Heft ein.*

3 *Trage auch die Wörter aus Klasse 1 ein. (S. 119)*

Wer arbeitet in der Schule?

1 *Wer arbeitet in eurer Schule?*
Wie heißen die Leute? Stellt eine Liste zusammen:

Beruf	Name
Lehrer	Herr . . .
Lehrerin	Frau . . .

2 *In der Wörterschlange sind sechs Berufsnamen versteckt.*

SCHULLEITERINLEHRERSEKRETÄRINHAUSMEISTERPUTZFRAUSCHULKIND

3 Lihririn, Pitzminn, Schilleitirin, Sikritärin.
Mit filschin Bichstibin sind dis listige Birifi.

Was ist hier falsch? Schreibe richtig auf.
Übermale die Buchstaben, die du geändert hast.

4 *Vor welche Wörter dieser Seite*
*kannst du die Wörter **der, die, das** setzen?*

Wie heißt unsere Sekretärin?

Welchen Beruf hat Frau Schulz?

5 *Spiele mit deiner Nachbarin oder deinem*
Nachbarn in der Klasse Reporter.

Wie arbeiten die Leute in der Schule?

Sätze, mit denen
wir fragen, sind
Fragesätze.
Sie haben am
Schluss ein
Fragezeichen.

1 Befragt Leute, die in der Schule arbeiten.
Überlegt euch zuerst die Fragen.
Die Fragewörter oben können euch helfen.

2 Schreibt Fragen
auf.

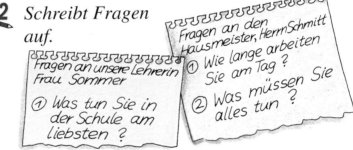

Fragen an unsere Lehrerin
Frau Sommer

① Was tun Sie in
der Schule am
liebsten ?

Fragen an den
Hausmeister, Herrn Schmitt
① Wie lange arbeiten
Sie am Tag ?
② Was müssen Sie
alles tun ?

3 So könnt ihr die Leute befragen:
Ihr könnt die Fragen vorlesen
und die Antworten aufschreiben.
Oder ihr könnt alles auf Kassette aufnehmen.

Ich habe
auch Fragen
ohne solche
Fragewörter!

4 Denke dir fünf Fragen an deine Nachbarin
oder deinen Nachbarn aus.
Schreibe die Fragen auf. Lass nach jeder Frage
zwei Zeilen Platz für die Antwort.

Fragen und Antworten

Wer	braucht der Hausmeister ?
Wann	freuen sich die Kinder ?
Womit	putzt die Fenster ?
Warum	gehen die Kinder in die Schule ?
Wie oft	wird die Klasse geputzt ?
Was	freuen sich die Lehrerinnen ?
Wie lange	arbeitet die Sekretärin ?

Warum
gehen die Kinder
in die Schule ?

1 *Welche Fragen sind sinnvoll?*

2 *Schreibe fünf Fragen auf und beantworte sie.*

3 *Merkwörter üben:*

4 Fragen oder antworten?
Lisa maxt seine Lehrerin:
„Wie lange arbeiten Sie noch?"
Die Lehrerin maxt nicht.
Lisa maxt:
„Warum maxen Sie nicht?"
„Weil ich gerade nicht arbeite. Ich habe Pause."

Setze die Wörter **fragen** *oder* **antworten** *ein,
so dass der Text sinnvoll ist.*

| was |
| wer |
| wann |
| wie |
| womit |
| warum |
| arbeiten |
| fragen |
| antworten |
| die Lehrerin |
| ? |

20

1 Wer ist Bello? 🐻
Die Kinder fragen: 🐻
Warum liegst du hier? 🐻
Wann arbeitest du? 🐻 Wie arbeitest du? 🐻
Was antwortet Bello? 🐻 Wau, wau! 🐻

2 Wer bollt denn do?
Wer wodelt mit dem Schwonz?
Dos ist Bollo, der Hond.

Was ist hier falsch? Schreibe richtig auf.
Übermale die Buchstaben, die du geändert hast.

3 Mthmtk – Wer kann das lesen?
St⌇ft H⌇ft B⌇ch L⌇s⌇b⌇ch Bl⌇tt
M⌇th⌇m⌇t⌇k Sch⌇l⌇ Sch⌇lk⌇nd⌇r
L⌇hr⌇r⌇n St⌇nd⌇npl⌇n T⌇f⌇l

Lest die Wörter so, wie sie hier stehen.
Was fällt euch auf?

4 *Schreibe die Wörter richtig auf. Übermale*
alle Buchstaben rot, die du ergänzt hast.

5 *Schreibe die ergänzten Buchstaben*
in der Reihenfolge des ABC auf.

6 *Lass die Selbstlaute alleine klingen:*
laut und leise, kurz und lang.

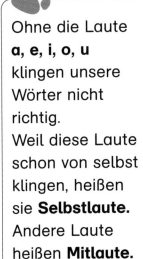

Ohne die Laute
a, e, i, o, u
klingen unsere
Wörter nicht
richtig.
Weil diese Laute
schon von selbst
klingen, heißen
sie **Selbstlaute**.
Andere Laute
heißen **Mitlaute**.

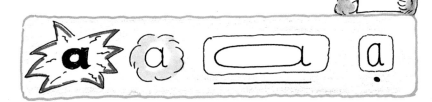

· Selbst- und Partnerdiktat · Terminus Selbstlaut/Mitlaut lernen und anwenden ·
· Selbstlaute auf Kürze oder Länge abhören ·

21

Diese Leute arbeiten in unserer Schule

1 Stellt die Ergebnisse eurer
Befragung in einer Mappe
oder Wandzeitung aus.

Wer spricht hier über seine Arbeit?

2
Morgens schließe ich die Schule auf.
Ich gehe dann ins Lehrerzimmer
und mache Kopien.
Wenn eine Lehrerin krank ist,
sorge ich für Vertretung.
In der Klasse zeige ich meine Hausaufgaben.
Dann schreibe ich in meinem Büro Briefe.
Ich putze die Klassenräume.
Die ganze Zeit liege ich vor der Haustür.

3 Schreibe auf, wer hier
von seiner Arbeit erzählt.
Der Hausmeister: Morgens schließe …

· Mini-Projekt dokumentieren ·
· Aussagen Personen zuordnen und aufschreiben ·

Klassenwörter

1 Klassenraum, Klassenfest, Klassenregeln

*Fallen euch zehn weitere
„Klassenwörter" ein?*

2 *Was stimmt hier nicht?
Wie muss es richtig heißen?*

> **In der Schale**
> Auf jedem Tusch liegt ein Bach.
> Die Lehrerin sagt: „Jedes Kind soll einen Sitz losen!"
> Olle Kinder losen.
> „Till!", lebt die Lehrerin.

3 *Schreibe den Text richtig auf.*

Überall gehen die Kinder in die Schule

4 *Das Wort für* **Schule** *heißt in anderen
Ländern anders.
Was ist gleich? Was ist ähnlich?*

HiER BiN iCH ZU HAUSE

Du kennst viele Menschen

Namen und Namenwörter nennen wir **Nomen**. Nomen schreibt man mit großem Anfangsbuchstaben.

1 Sammle Namen von Menschen, die du gut kennst.
Schreibe immer Vornamen und Nachnamen auf.

2 Ordne die Namen:

Verwandte:
Nachbarn:
Freunde und Freundinnen:
andere Bekannte:

3 Was erfahrt ihr in den folgenden Texten von Fabian und Sonja?
Was erfahrt ihr über die Familien?

Meine ganze Familie
Ich heiße Fabian.
Mein Vater heißt Papa,
meine Mutter heißt Mama,
meine Schwester heißt Ariane.
Ich hätte gern noch einen Hund.
Alle sind gesund.

Meine ganze Familie
Ich heiße Sonja.
Meine Mutter heißt Sabine.
Meine Puppe ist mein Kind.
Ich freue mich, wenn wir zusammen sind.

4 Schreibe so einen Text auch über dich.
Denke daran, Nomen werden mit großem Anfangsbuchstaben geschrieben.

Viele Glückwünsche – viele Namen

Mein lieber Schatz,

wenn du aufstehst, bin ich schon zur Arbeit fort. Alles Liebe zu deinem Geburtstag.
Dein Papa

Liebe Sillemaus,

zu deinem Geburtstag gratulieren wir dir ganz herzlich. Jetzt bist du schon so ein großes Mädchen! Wir freuen uns auf den Kuchen bei dir.
Viele Grüße und Küsse

Omi und Opi

An meine Freundin
☆ Silke ☆

Liebe Silly!
Herzlichen Glückwunsch.
Ich freue mich auf heute Nachmittag.

Deine Freundin
Hatice

Liebe Silke,

alles Gute zum Geburtstag wünschen dir Tante Hella und Onkel Dieter. Hoffentlich gefällt dir, was im Paket ist.

Ich heiße Maximilian oder Maxi oder Mäxchen.

Silke hat verschiedene Namen

1 Vorname: Silke
Nachname: Gabler
andere Namen: Tochter, Schülerin, Freundin, Enkelin, Schwesterchen, Mädchen, Sillemaus, Schatz

2 *Schreibe deine Namen auch so auf. Achte auf den großen Anfangsbuchstaben bei den Nomen.*

3 *Schatz, Sille, Sillemaus sind Kosenamen. Sammelt Kosenamen.*

Ich bin Maxileinchen.

· über Bedeutung von Kosenamen nachdenken ·
· Varianten des eigenen Namens aufschreiben ·

Immer klingt der Name anders

1 *Spielt diese Situationen.*

2

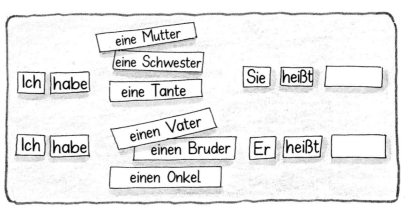

Ich habe · eine Mutter · eine Schwester · eine Tante — Sie heißt ☐

Ich habe · einen Vater · einen Bruder · einen Onkel — Er heißt ☐

Wie heißen deine Verwandten?

der	Name
die	Familie
die	Eltern
die	Schwester
der	Bruder
die	Tante
der	Onkel
	heißen
	?

3 *Merkwörter üben:* ∿∿∿ ▷ ⌐╌ ▷ A B C ▷

4 **Silke heißt nicht immer Silke**
Silke hat viele Namen 🐻
in ihrer Familie. 🐻
Oft sagen die Eltern Schatz. 🐻
Ihr Bruder sagt Schwesterchen. 🐻
Tante und Onkel 🐻
sagen Silke. 🐻
🐻 ▷ 🐻 ▷

Schilder-Detektive unterwegs

1 Sucht in eurem Stadtteil Schilder.
Das könnt ihr mit den Schildern machen:
suchen, finden, sehen, lesen, malen,
zeichnen, schreiben, rubbeln, zeigen.

2 Schreibe, was ihr tun wollt:
Wir suchen Schilder.
Wir ...

3 Schreibe, was du allein tun willst:
Ich zeichne ein Schild.
Ich ...

4 Bringt eure abgemalten oder
gerubbelten Schilder
mit in die Klasse.
Wo habt ihr sie gefunden?
Was bedeuten sie?

5 Zeige ein Schild und beschreibe genau,
wo du es gefunden hast.
Die Merkwörter rechts können dabei helfen.

· über Schilder in der Umwelt sprechen · sie dokumentieren ·
· eine Örtlichkeit genau beschreiben ·

suchen
sehen
über
unter
neben
vor
hinter
auf
links
rechts
?

1 *Der Junge mit der Mütze will zur Bushaltestelle.
Erklärt ihm den Weg.*

2 *Erklärt auch andere Wege.*

3 *Merkwörter üben:*

4 **Boris muss suchen**
Anna sitzt unter einem Busch.
Boris kann sie nicht sehen.
Boris ruft:
Über, auf, vor und neben mir,
hinter mir und rechts und links,
das gilt nicht!

Das gibt es in deiner Straße

1 Was entdeckst du in deiner Straße?

2 Zähle mit einer Strichliste.

3 Schreibe auf, was du entdeckt hast.

4 **Das gibt es nicht nur einmal!**
ein Baum   – viele Bäume
ein Schild   – viele ...
ein Geschäft   – viele ...

Aber mich gibt es nur in der Einzahl!

Schreibe die Liste ab und ergänze sie.

5 Was ändert sich bei den Nomen,
wenn aus einem Ding viele Dinge werden?

6 Lies die Anfangsbuchstaben der Nomen
besonders deutlich.
Übermale alle **B** und **P** mit zwei Farben.

Bäume, Büsche, Bäckerei,
Parkhaus, Post und Polizei.

Alle Dinge haben Namen.
Sie sind Nomen.
Nomen gibt es in der **Einzahl** und in der **Mehrzahl.**

7 Ergänze den Anfangsbuchstaben **B** oder **P.**
ꙮäcker, ꙮostauto, ꙮuppe, ꙮall, ꙮause, ꙮlumen

· Beobachtungen auf der Straße verschieden dokumentieren · Wörter in Mehrzahl setzen ·
· Termini Einzahl – Mehrzahl lernen und anwenden · „P" und „B" im Anlaut unterscheiden ·

Die bunte Seite

Rätsel

Lisa:
Er hat eine Tochter,
die hat eine Tochter
und das bin ich.
Wer ist er?

Anna:
Ich habe eine Kusine.
Die hat eine Mutter und die
hat einen Mann.
Wer ist das?

Kevin:
Er ist der Sohn meines Vaters
und ein Sohn meiner Mutter,
aber nicht mein Bruder.
Wer ist das nur?

1 *Schreibe ein Rätsel ab und die Lösung dazu.*

DÖNER KEBAP

Pizzeria

Le Coiffeur

TANDEMS & KINDERBIKES BIKES

2 *Findet ihr Schilder mit Wörtern,*
die aus anderen Sprachen sind?
Sammelt sie und erklärt sie euch.

4

Augen auf im Straßenverkehr

Fahr mit Köpfchen, fahr mit Helm!

Ohren auf im Verkehr!

Die Kinder stehen an der Kreuzung.
Stefanie hat die Augen verbunden.
Sie berichtet, was sie hört.

> Von links
> kommt ein Auto.
> Von rechts kommt
> ein Mofa.
> Da klingelt ein Fahrrad.
> Nun bremst ein Bus.
> Jetzt gehen
> die Fußgänger.

1 *Fußgänger und Fahrzeuge sind zu hören:*
Sie hupen, brummen, klingeln, quietschen,
knattern, trippeln, klappern, . . .

Macht solche Geräusche nach.

2 *Ihr könnt solche Straßengeräusche*
auch mit einem Kassettenrecorder sammeln.

brummen
quietschen
klappern

3 *Zeichne ein Fahrzeug*
und schreibe dazu,
welche Geräusche es macht.

Viel los im Straßenverkehr!

Wörter, die sagen, was man tut, nennen wir **Verben**.

1 Diese Verben geben an, was Menschen und Fahrzeuge im Straßenverkehr tun können:
fahren, gehen, bremsen, quietschen, hupen, klingeln, warten, klappern, halten, stehen, laufen, überholen.

 S.112 Verben

Schreibe die Verben in die passenden Reihen:
Was Fußgänger tun: ...
Was Radfahrer tun: ...
Was Autofahrer tun: ...

fahren
bremsen
klingeln
warten
halten
stehen
laufen
?

2 Merkwörter üben: ▬▬▬ ➤ ⌐⌐ ➤ A B C

3 In dem Verb **klingeln** steckt **ng**.
Suche in der Wörterliste ab Seite 123
fünf Wörter, in denen auch **ng** steckt.

4 **Eine Ente an der Straße** 🐻
An der Straße steht eine Ente. 🐻
Alle fahren vorbei. 🐻
Da läuft die Ente los. 🐻
Es hupt und klingelt. 🐻
Die Autos bremsen. 🐻
Alle halten an, 🐻 alle warten. 🐻
O, diese Ente! 🐻

Kasper und das neue Fahrrad

 Kasper, du hast ja ein tolles Fahrrad!

 Ich bin ja auch ein toller Fahrer.

 Jetzt kannst du überall hinfahren.

 Ja, ich kann hinfahren und abfahren und

wegfahren und . . .

 . . . und dann musst du wieder zurückfahren!

 Genau! Und das alles ohne Fahrkarte!

1 *Schreibe alle Wörter heraus,*
*die mit **F** oder **f** anfangen. Was fällt dir auf?*
Kreise ein, was bei den Wörtern gleich ist.

⌐rad
⌐karte
Fahr ⌐ ⌐bahn
⌐zeug
⌐schein

2 Wort⌐ ⌐bau⌐ ⌐steine

Bilde Wörter mit den Wortbausteinen vom Rand.
*Setze vor jedes Nomen **der, die** oder **das**:*
das Fahrrad, . . .

📖 S.110
Nomen

weg⌐
hin⌐
ab⌐ ⌐fahren
hinaus⌐
zurück⌐

3 Die Kinder maxen an der Ampel.
Sie maxen das rote Licht.
Wenn grünes Licht kommt,
maxen sie über die Straße.

Setze die passenden Verben ein:
***gehen, sehen** oder **stehen**.*

📖 S.112
Verben

4 *Schreibe die drei Sätze von dir:*
Ich stehe an der Ampel.
Ich . . .

· Wörter mit Baustein „fahr" bilden · Nomen bestimmen ·
· mit Artikel vorbegrifflich umgehen · Wörter mit Buchstabenfolge „eh" üben ·

35

Hallo! Komm schnell rüber!

1 Lest, was Peter und Verene rufen.
Man muss merken, dass die Sätze gerufen werden.

2 Pass doch auf ※ Halt, ich komme mit ※
Renn doch nicht so schnell ※
Wo ist hier ein Briefkasten ※
Leute, kauft Luftballons ※

Schreibe diese Sätze ab.
Es sind Aufforderungen und Ausrufe.
Nur ein Satz ist ein Fragesatz.
Setze immer das richtige Zeichen an das Satzende.

> **Ausrufesätze** haben am Ende ein **Ausrufezeichen.**

Wörter abhören

3 Der Selbstlaut **u** kommt in beiden Wörtern vor.
Einmal wird er lang gesprochen,
einmal wird er ganz kurz gesprochen.
Probiere es aus.

4 In dieser Wörterschlange stecken acht Verben.
Schreibe sie auf. Mache bei jedem Wort
unter den ersten Selbstlaut ein Zeichen:
Bei einem kurzen Selbstlaut einen Punkt,
bei einem langen Selbstlaut einen Strich.

Schnell oder langsam?

1 Sammelt Fahrzeuge als Modelle oder Bilder.

2 Stellt sie aus.
Wie könnt ihr sie dabei ordnen?
(nach Größe, Geschwindigkeit, Zahl der Räder)

> Vor den Nomen
> können Begleit-
> wörter stehen:
> **der, die, das;**
> **ein, eine.**
> Wir nennen sie
> Artikel.

3 Was fährt schneller?
Schreibe fünf Sätze oder mehr.
Ein Rennauto fährt schneller als …

4 Was fährt langsamer?
Schreibe fünf Sätze oder mehr.
Ein Fahrrad fährt langsamer als …

5 Welche Artikel brauchst du für eure Fahrzeuge?

6 Merkwörter üben:

das	Fahrzeug
das	Fahrrad
der	Bus
	langsam
	schnell
der	Verkehr
die	Straße
	?

7 **Im Verkehr**
Ich stehe an der Ampel.
Die Autos fahren langsam,
einige Autos fahren schnell.
Ein Fahrrad klingelt,
ein Bus bremst.
Grün.
Die Fahrzeuge stehen auf der Straße
und ich kann gehen.

· Mini-Projekt: Fahrzeugausstellung · Vergleiche mit Adjektiven (vorbegrifflich) anstellen ·
· Terminus Artikel lernen und anwenden · Merkwörter üben ·

37

Wie Micha Rad fahren lernte

Geburtstag,
bekam geschenkt

stieg auf,
hielt am Sattel fest

trat in die Pedale,
fuhr los, lenkte,
noch etwas wackelig

fuhr schneller,
sicherer,
alleine

1 *Erzähle, wie Micha Rad fahren lernte.*

2 *Schreibe die Geschichte auf oder schreibe auf, wie du das Rad fahren gelernt hast.*

3 Die Maxerin, der Maxer, der Maxpreis,
das Maxgeld, die Zugmaxt, die Automaxt,
das Maxrad, der Maxradweg,
der Maxradhelm, das Kindermaxrad

*Setze für **Max** oder **max** immer
Fahr oder **fahr** ein.*

· nach einer Bilderfolge erzählen und schreiben ·
· Wörter mit Baustein „fahr" schreiben ·

Neue Fahrzeuge

Mein Campingfahrrad

Mein Kinderwagenflitzer

Und was ist das?

1 Denke dir auch solche Fahrzeuge aus.
Male sie oder klebe sie mit Bildern aus Zeitungen.
Gib jedem Fahrzeug einen Namen.

It's yellow!

Stop!

It's red.

red
yellow
green

2 „Es ist gelb." „Es ist grün."
Wie sagen die Leute das in England?

Ich kann sehen
- ich kann fühlen -

Ich sehe was . . .

Uta: Ich sehe was und das ist rund.
Frank: Du meinst den runden Ball?
Uta: Nein, es ist rund und glatt und lecker . . .
Frank: Ist es . . .

Ich fühle was . . .

Sascha: Ich fühle was und das ist schmal
und lang und glatt.
Lisa: Ist es ein langer Bleistift?
Sascha: Nein, es ist flach und rechteckig . . .

1 *Spielt die Ratespiele zu Ende.*

2 *Spielt auch solche Ratespiele.*
Diese Wörter können euch helfen:

schön, laut, leise, süß, sauer,
klein, groß, gut, schlecht, spitz, dünn,
rund, hart, weich, kurz, lang, heiß, kalt,
glatt, rau, nass, alt, bunt,
lecker, blau, rot, weiß, schwarz.

> Wörter, die sagen,
> wie etwas ist,
> nennen wir
> **Adjektive.**

3 *Welche Adjektive sagen,*
- *wie etwas aussieht,*
- *wie sich etwas anfühlt,*
- *wie etwas schmeckt,*
- *wie etwas riecht,*
- *wie sich etwas anhört?*

4 *Welche Adjektive passen?*
Schreibe so:
So kann etwas aussehen: schön, klein, . . .
So kann . . .

Neu ist nicht alt . . .

1 *Merkwörter üben:*

2 *Das Adjektiv **neu** wird mit **eu** geschrieben. Suche in der Wörterliste sieben Wörter, in denen auch **eu** vorkommt.*

Ich bin kuschelig.

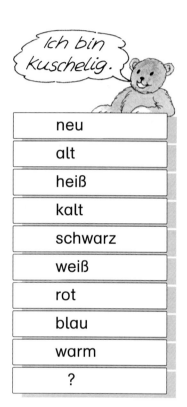

neu
alt
heiß
kalt
schwarz
weiß
rot
blau
warm
?

3 **Alt oder neu?**
Neu ist nicht alt,
warm ist nicht kalt,
kalt ist nicht heiß,
schwarz ist nicht weiß,
rot ist nicht blau,
weiß ist nicht grau,
groß ist nicht klein.
Alles richtig? Fein.

4 *Ergänze die Reimwörter.
Alle Reimwörter sind Adjektive.*

📖 S.114
Adjektive

Eine

ist nicht

Das Brot	Ein Wecker
ist nicht r~~~~.	ist nicht l~~~~~.
Ein Hund	Ein Kraut
ist nicht r~~~.	ist nicht l~~~.
Eine Sau	Eine Mauer
ist nicht bl~~~.	ist nicht s~~~.
Ein Schrank	Ein Schild
ist nicht kr~~~.	ist nicht w~~~.

Monstergeschichten

1 *Welches Monster gefällt dir besser?*
Warum?

2 *Beschreibt das liebe Monster*
und das schreckliche Monster.

3

Ein 〰〰〰 Monster	liebes/schreckliches
Ich habe von einem	
〰〰〰 Monster geträumt.	lieben/schrecklichen
Es war 〰〰〰 und hatte	riesengroß/klein
ein 〰〰〰 Fell.	weiches/raues
Es sprach mit 〰〰〰 Stimme	leiser/lauter
und zeigte dabei seine	
〰〰〰 Zähne.	furchtbaren/niedlichen

Schreibe einen Text über das liebe
oder über das schreckliche Monster.

4 *Sammelt noch weitere Adjektive,*
die ihr für die Monster verwenden könnt.

 S.114
Adjektive

5 Ein dickes, dummes Monster tobt im Baum,
denkt Tante Tine oft im Traum.

Lies die Anfangsbuchstaben besonders deutlich.
Schreibe den Satz ab
*und übermale alle **T, t** und **d** mit zwei Farben.*

6 〰ünn, 〰oll, 〰ick, 〰urnen, 〰oben,
〰ürfen, 〰enken, 〰raurig, 〰rei.

*Ergänze den Anfangsbuchstaben **t** oder **d**.*

· bei Beschreibungen passende Adjektive verwenden · Funktion von Adjektiven ·
· Rechtschreibhilfe bei „d" und „t" im Anlaut ·

43

Unsere Körperteile

Zwicke zwax in den Max — nicht zu fest, sonst macht es knax.

zwicke zwein in das Bein	zwicke zwie in das Knie	zwicke zwand in die Hand
zwicke zwacke in die Backe	zwicke zwarm in den Arm	zwicke zwauch in den Bauch
zwicke zwals in den Hals	zwicke zwase in die Nase	zwicke zwabel in den Nabel

(Jürgen Spohn)

1 *Erfindet mit den Merkwörtern weitere Zwicke-Verse.*

2 *Zeichnet auf ein großes Blatt ein Kind und schreibt Zwicke-Verse an die passenden Stellen.*

📖 **S.110 Nomen**

der	Kopf
der	Zahn
die	Hand
der	Finger
die	Haut
der	Po
das	Bein
der	Fuß
der	Arm
	?

3 *In der Wörterschlange sind neun Nomen versteckt. Schreibe sie mit den Artikeln **der**, **die**, **das** auf:*
der Po, …

4 *Merkwörter üben:*

5 *In jedem dieser Nomen steckt ein Merkwort. Schreibe die Wortpaare nebeneinander und kreise ein, was gleich ist.*
der Hinterkopf – der Kopf

der Hinterkopf, der Milchzahn, der Zeigefinger,
die Hautfarbe, die Pobacke, der Handschuh,
das Gipsbein, der Fußball, der Ärmel.

· Merkwörter üben · Verse erfinden · Mini-Projekt: Körperbilder · Nomen mit Artikel notieren ·
· bei zusammengesetzten Nomen Wortverwandtschaften erkennen ·

1 Schreibe alle Körperteile von der
vorigen Seite auf, die du in der Mehrzahl hast:
Ich habe zwei Beine.

In den Bauch zwick ich auch!

2 **Zwicke zwax** 🐻
Max zwickt 🐻 in den Arm, 🐻
in den Kopf, 🐻 in den Zahn, 🐻
in die Hand, 🐻 in den Finger, 🐻
in die Haut, 🐻 in den Po, 🐻
in den Fuß, 🐻 in das Bein, 🐻
Nun lass es sein!

Bilderrätsel mit Körperteilen

3 *Auf jedem Bild sind zwei Dinge zu sehen.
Die beiden Nomen dafür könnt ihr
zu einem neuen Nomen zusammensetzen.*

der Ring
der Kopf
das Knie
die Schrift   der Fuß
die Hand
das Ohr   das Band
der Strumpf
der Ball
das Bein
der Arm
die Kette
die Nase
das Tuch
der Hals

📖 **S.110
Nomen**

4 *Schreibe die beiden Nomen und dann
die Lösung des Rätsels auf.
Setze immer die Artikel dazu:
der Finger, der Nagel – der Fingernagel*

5 *Schreibe mit Nomen vom Rand Rätselwörter
und male sie:
die Hand, das Tuch – das Handtuch*

Mit der Nase kann ich . . .

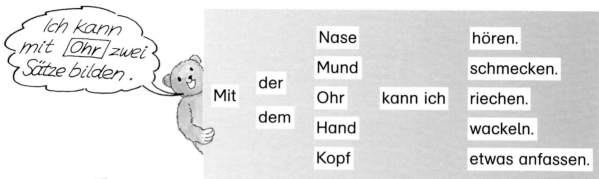

Ich kann mit [Ohr] zwei Sätze bilden.

Mit	der / dem	Nase	kann ich	hören.
		Mund		schmecken.
		Ohr		riechen.
		Hand		wackeln.
		Kopf		etwas anfassen.

1 Schreibe fünf Sätze, die stimmen.

2 Bei einem Baby ist alles viel kleiner.
Da kann man sagen:
Es hat ein Näschen, es hat ein Mündchen.
Was hat es noch?

die Nase	das Näschen
die Hand	
der Hals	
der Arm	
der Kopf	
das Ohr	
der Mund	
der Fuß	

3 Schreibe die Tabelle ab und ergänze sie.
Was fällt dir bei den Artikeln auf?

4 Was ändert sich bei den Nomen?
Übermale, was sich geändert hat.

5 **Der Zauberer zaubert alles klein**

Aus einem Mann wird ein .

Aus dem wird ein .

Aus der wird ein 🖐 .

Schreibe den Text mit den fehlenden Nomen auf
und schreibe weiter,
was der Zauberer noch alles kleiner zaubert.

· Ableitungen von Wörtern erkennen und als Rechtschreibhilfe nutzen ·
· Verkleinerungsformen untersuchen ·

Die bunte Seite

1 Auf Seite 43 steht ein Monstertext.
Setze überall das Adjektiv **schwarz** ein.

2 Suche in der Wörterliste alle Wörter,
die vorn mit **schw** oder **Schw** geschrieben
werden.

Es roch lecker, schmeckte aber…

Vater probiert und macht ein langes Gesicht.

Lisa probiert und macht ein langes Gesicht.

Mutti probiert und lacht laut los.

Lisa und Papa haben einen Kuchen gebacken.

Der Kuchen riecht lecker.

Damit wollen sie Mutti überraschen.

"Das ist mir auch schon passiert. Zucker und Salz sehen aber auch sehr ähnlich aus."

3 Ordne die Zettel, so dass eine Geschichte
daraus wird.

At the doctor's

head
arm
finger
hand
knee
leg
foot

Show me your arm, please!

show me	zeige mir
your	dein/deine/ deinen
please	bitte

4 Was sagt der englische Arzt, wenn er sich
die anderen Körperteile zeigen lässt?

6

Allerlei Zauberei

Hokus pokus Zaubermaus, Zauberpalme komm heraus!

Zauberwörter – Zaubersprüche

Geier
Kater
Hexen Raben
Mäuse Katzen
Zauber Räuber
Spinnen Geister
Kräuter Schlangen

Fleck Hahn Buch

Gift Stab Dreck List Mist
Zahn Stift Tuch Grab Kralle

1 Setzt die Nomen aus dem Zauberhut mit Nomen
aus dem Zauberstab so zusammen,
dass ein neues gruseliges Zauberwort entsteht.
Schlangen, Gift – Schlangengift

S. 110
Nomen

2 Schreibe Zauberwörter, die sich reimen:
Hexengift – Zauberstift

3 Erfindet mit den Reimwörtern Zaubersprüche.

4 Schreibe deinen Zauberspruch auf ein Schmuck-
blatt. Die Schmuckblätter könnt ihr aushängen
oder für ein Zauberbuch sammeln.

SCHLANGENGIFT UND RÄUBERLIST
3× SCHWARZER GEIERMIST

S. 108
Selbstlaute

5 Hört die Nomen im Zauberstab ab.
Wie klingen die Selbstlaute – kurz oder lang?

6 Schreibe die Nomen aus dem Zauberstab
mit den Artikeln **der**, **die**, **das** auf.
Mache unter kurze Selbstlaute einen Punkt,
unter lange Selbstlaute einen Strich.
die Kralle, der Stab

· Zaubersprüche erfinden und gestaltend aufschreiben · zusammengesetzte Nomen bilden ·
· Artikel verwenden · Wörter auf kurzen oder langen Selbstlaut abhören ·

49

Ein Zaubertrick: die Zauberpalme

Vorbereitung

• Eine Zeitung und eine Schere holen,

• die Zeitung in zwei lange Hälften schneiden,

Ich habe die ganze Samstags= zeitung verbraucht. Aber jetzt kann ich es !

• eine Hälfte aufrollen.

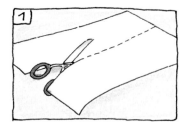

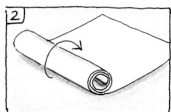

Bis zur Mitte einschneiden

Vorführung

• Die Schere nehmen und die Rolle bis zur Mitte viermal einschneiden,

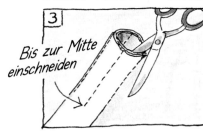

• einen Papierstreifen innen in der Rolle anfassen und vorsichtig hochziehen.

1 Probiert den Trick gut aus.
Er wird vielleicht nicht beim ersten Mal klappen.
Dann probiert weiter.
Bei eurer Vorführung könnt ihr statt der Zeitung auch buntes Krepp-Papier nehmen.

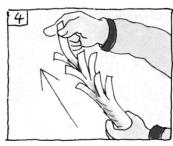

1 *Wenn du den Trick ausprobiert hast,*
schreibe auf, was du machen musst.
So fängst du an:

> *Ich hole eine Zeitung und eine Schere.*
> *Die Zeitung schneide ich ...*
> *Dann ...*

2 *Merkwörter üben:* ～～ > └┐ > ABC >

zaubern
die Schere
das Papier
die Zeitung
holen
nehmen
machen
rollen
ziehen
schneiden
?

3 **Max kann zaubern** 🐻
Max kann eine Palme machen, 🐻
eine Palme aus Papier. 🐻
Hokus, pokus Zaubersachen, 🐻
wie das geht, 🐻 das seht ihr hier: 🐻
eine Zeitung nehmen 🐻
und eine Schere holen, 🐻
rollen, schneiden 🐻
und dann ziehen! 🐻
Simsalabim. 🐻
🐻 > 🐻🐻 >

4 sie zaubert, ich hole, ich nehme,
er macht, sie rollt, er schneidet
Diese Verben sind mit einigen
Merkwörtern verwandt.
Schreibe die Wortpaare nebeneinander.
Kreise ein, was gleich ist.
Sie (zauber)t – (zauber)n

5 *Das Wort* **machen** *ist ein* **ch**-*Wort.*
Suche in der Wörterliste ab Seite 123
weitere **ch-Wörter.**
Wird das **ch** *immer gleich gesprochen?*

· Zaubertrick aufschreiben · Merkwörter üben · Wortverwandtschaften erkennen ·
· Wörter mit Buchstabenfolge „ch" suchen, abhören und aufschreiben ·

51

Wer es glaubt, ist selber Schuld

Psst, nicht weitersagen: Dazu hat Ariane ihren Ring ausgeliehen.

Die Kinder haben Wasser mit Himbeersaft gemischt und in kleine Flaschen gefüllt.

ZAUBERRING
Er hilft bei vielen Wünschen. Man muss ihn an den Finger stecken und 3x drehen.

ZAUBERTRANK
Er hilft bei schwierigen Aufgaben. Man muss vorher drei Tropfen schlucken.

HOKUS POKUS

ring
trank
salz
holz
Zauber ⊐ pille
tuch
kiste
sack
stein

1 Denkt euch selbst Zaubermittel aus.
Die Wortbausteine helfen dabei.

2 Schreibe für ein Zaubermittel einen Hinweiszettel.
Darauf muss Folgendes stehen:
• **Wie** heißt das Zaubermittel?
• **Wobei** hilft es?
• **Wie** benutzt man es?

3 Erfindet Zaubergeschichten.
Ihr könnt sie erzählen, malen oder aufschreiben.
Sie können heißen:
Wie mir der Zauberring einmal geholfen hat.
oder:
Das verlorene Zauberbuch
oder: ...

Ein besonderer Trick:
Drei Bonbons unter einem Hut

1 Spielt den Zaubertrick.
Verwendet dabei auch einen Zauberspruch.

2 Der Trick ist ein Witz-Trick.
Erzähle ihn wie einen Witz.

Eine Zauberstunde

Bei dieser Einladung fehlt doch was!

ALLERLEI ZAUBEREI
Wir laden die Klasse 2b zu einer Zauberstunde ein.

Unser Programm:
Zauberkunststücke
Zaubergeschichten
eine Zauber = ausstellung
und allerlei Zaubersprüche

Ladet andere Klassen oder eure Eltern zu einer Zauberstunde ein. Ihr könnt:
- *Zaubertricks vorführen,*
- *Zaubergeschichten vorlesen,*
- *eine Zauberausstellung zeigen.*

1 *Bei der Einladung denkt an diese Fragen:*
- *Wer lädt zur Zauberstunde ein?*
- *Wer wird eingeladen?*
- *Was kommt im Programm vor?*
- *Wann ist die Zauberstunde?*
- *Wo ist sie?*

Hokus pokus

2 *Schreibt Einladungen für eine Zauberstunde. Gestaltet sie zauberhaft.*

Verzauberte Wörter

a = i
e = o
i = a
o = e

u = ei
au = äu
ei = u
äu = au

Uns eind zwu eind dru — fortag ast muno zäuboru!

Hekeis-pekeis— fadabeis— drumil schwirzor Kitor!

📖 S. 106
Selbstlaute

3 *In den Sprüchen sind alle Selbstlaute verzaubert. Mit dem Zauberbuch am Rand kannst du sie entzaubern.*

4 *Verzaubere mit dem Zauberbuch auch selbst Zaubersprüche und andere Texte.*

Geschichten aus dem Zauber-

1 Wie können sie weitergehen?

Als ich morgens zur Schule ging, sah ich etwas auf dem Weg glitzern. Ich entdeckte einen Ring mit einem grünen Stein. Er passte sogar auf meinen Finger. Ich drehte ihn ein wenig, da passierte es. Plötzlich ...

Ich lag im Bett und konnte nicht einschlafen. Da dachte ich mir aus, ich hätte einen ...

Im Keller fand ich einen alten Sack. Aus Spaß kroch ich hinein. Ich wusste noch nicht, dass es ein Zaubersack war, der mich unsichtbar machte.

2 Anna, die Zauberin hat Zuschauer aus vielen Ländern. Deshalb sagt sie ihren Zauberspruch in vielen Sprachen. Und in deutsch ...?

7

JENNIFER

Schon 6 Monate alt

Papa und ich

Erste Gehversuche

Fahren macht Spaß

Wie es war –
wie es ist

Im Kindergarten

Mein 1. Schultag

Auf dem Schulfest

Als ich noch kleiner war

Das war mein Rutsch–auto.

Zwei Jahre alt.

Von meiner Oma.

Einmal bin ich damit die Treppe heruntergefahren.

1 *Erzählt auch von früher.*
Bringt alte Sachen und Fotos mit.
Fragt auch die Eltern. Sie wissen noch mehr.

2 *Schreibe eine Geschichte von dir auf.*

Ich war damals ☐ Jahre alt.
Da ist diese Geschichte passiert.

Geschichten von früher.

3 *Gib deiner Geschichte eine Überschrift.*
Vielleicht kannst du auch ein Foto dazukleben.

heute – früher – später

4 Lars besuchte 〰〰〰 den Kindergarten.
Dort sah er einen tollen Zauberer.
Von da an wünschte er sich
einen Zauberkasten.
Lars kann 〰〰〰 schon ein paar Tricks.
Ob er 〰〰〰 einmal Zauberer wird?

*Setze die Wörter **heute, früher, später**
richtig ein.*

· Mini-Projekt: aus zurückliegender Kindheit erzählen, schreiben, dazu gestalten ·
· Begriffe „heute", „früher", „später" richtig verwenden ·

57

Sachen von früher

1

die Babymütze	das Stofftier
die Gummiente	das Bilderbuch
der Breiteller	die Holzklötze
der Milchzahn	die Milchflasche

Diese Wörter sind aus Nomen zusammengesetzt.
Schreibe die Wörter ab und trenne dabei
die zwei Nomen voneinander:
die Babymütze – das Baby, die Mütze

 S.110
Nomen

2 *Bilde neue lustige Nomen.*
Schreibe wenigstens fünf auf:
die Breimütze, . . .

3 das Bilderbuchregal, der Autokindersitz,
das Kinderzimmerbett, die Kinderarmbanduhr
Aus wie vielen Nomen sind diese Wörter
zusammengesetzt?

4 Kinder
Kindergarten
Kindergartenspiel
Kindergartenspielplatz
Kindergartenspielplatzrutsche

Schreibe diese Nomentreppe auf.
Schreibe dann alle Nomen,
die in der Treppe vorkommen,
*mit den Artikeln **der, die, das** auf.*

S.111
Artikel

5 *Schreibe eine eigene Nomentreppe.*
*Beginne auch mit dem Wort **Kinder**.*

Wie kleine Kinder sprechen: die Babysprache

Da, da, Aupotütü !

Ich habe Meme gesagt. Das hat Mäxchen bedeutet.

Wauwau
Mama
Mi
Oma
meia
Papa
Häs
Buum
Aupotütü
nein

1 Am Rand steht, wie Torsten mit zwei Jahren
gesprochen hat.
Was meinte er damit?
(Die Lösungen sind in anderer Reihenfolge:
Häschen, Blumen, Milch, Hund, Papa, Postauto,
Das ist meins! Ich will nicht! Oma, Mama.)

2 Schreibe die Wörter in der Babysprache ab
und schreibe die Lösungen dazu:
Wauwau hieß der Hund.

3 Welche Wörter hattest du in deiner Babysprache?
Erkläre sie wie in Aufgabe 2.

4 Mit zwei Sätzen fragt das Kind,
mit zwei Sätzen ruft es. Setze immer
das richtige Zeichen an das Satzende.
Wo ist mein Teddy
Toll, eine ganz lange Rutsche
Darf ich nach draußen
Aua, das tut weh

S. 115
Sätze

Das bin ich

Ich heiße Anke Fröhlich.
Ich bin am 6. Juni 1991
in Köln geboren.

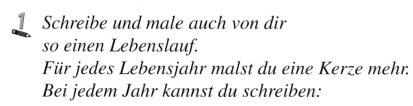

Mit einem Jahr konnte ich schon laufen
Ich konnte Mama tomm sagen.
Ich hatte schon vier Zähne. Zum Geburtstag
bekam ich eine Kiste mit vielen Bauklötzen.

Mit zwei Jahren konnte ich schon

Mein Lebenslauf

1 Schreibe und male auch von dir
so einen Lebenslauf.
Für jedes Lebensjahr malst du eine Kerze mehr.
Bei jedem Jahr kannst du schreiben:

- was du damals schon konntest,
- womit du gerne gespielt hast,
- was es für dieses Jahr Besonderes
  zu erzählen gibt.

📖 **S.114**
Adjektive

2 Wie kann ein Baby sein? Suche in der
Wörterliste (ab Seite 123) passende Adjektive.
Sie fangen an mit: **di, dü, fr, sch, wi, kl, lie, lu, sü.**

1 Als ich geboren wurde, ⌐ in den Kindergarten.

Im ersten Jahr bin ich └ war ich 48 cm groß.

Mit vier Jahren kam ich 20 cm gewachsen.

Mit sechs Jahren immer noch.

Ich wachse wächst gar nicht mehr.

Mein Vater ging ich in die Schule.

Wie müssen die sechs Sätze richtig heißen?

Ich wachse sogar im Schlaf.

2 *Unterstreiche alle Wörter,*
die mit dem Verb **wachsen** *verwandt sind.*
Kreise ein, was immer gleich ist.

3 *Wie groß warst du bei deiner Geburt?*
Wie viel bist du schon gewachsen?
Wächst du noch weiter?
Wachsen auch Erwachsene noch?
Findest du zu den Fragen eine Antwort?

der	Monat
das	Jahr
das	Baby
	schlafen
	wachsen
der	Erwachsene
	früher
	heute
	später
	?

4 *Merkwörter üben:*

5 Kinder wachsen immer 🐻
Sie spielen und schlafen 🐻
und wachsen dabei 🐻
von Monat zu Monat, 🐻
von Jahr zu Jahr. 🐻
Wer heute ein Kind ist, 🐻
war früher ein Baby 🐻
und wird später 🐻
ein Erwachsener. 🐻

Wie die Zeit vergeht

Manchmal sagt man:
„Die Zeit vergeht wie im Fluge."
Manchmal sagt man:
„Heute kriecht die Zeit
wie eine Schnecke."

1 *Wann war für dich die Zeit*
wie ein schneller Vogel oder ein Rennauto?
Wann war sie wie eine Schnecke?
Wann war sie kostbar wie ein Schatz?
Wann war sie schön wie eine …?

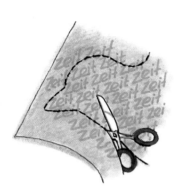

2 *Du kannst auch so ein Zeit-Bild machen –*
mit dem Bild von einem Vogel,
einer Schnecke, einer Schatzkiste.

Eine Ausstellung

3 *Ihr habt jetzt schon vieles*
von früher gesammelt:
Fotos, Bilder,
Blätter mit Babysprache,
Lebensläufe,
Sachen, Geschichten.
All das könnt ihr ausstellen.

Überlegt:
Was wollt ihr ausstellen?
Wo wollt ihr ausstellen?
Wen wollt ihr einladen?

Das war mein Schnuller. Ich bekam ihn, als ich 3 Monate alt war. Heiko

Das war mein Rutschauto. Ich bekam es, als ich 2 Jahre alt war. Anna

4 *Für einige Dinge müsst ihr Erklärungen*
schreiben. Schreibt sie auf Zettel
und bindet sie an die Sachen.

1 Uber munche ulten Suchen
muss uch ummer luchen.

 **S. 106
Selbstlaute**

*Setze die richtigen Selbstlaute.
Schreibe richtig auf. Übermale die Selbstlaute,
die du geändert hast.*

2 **Zum Geburtstag**
Wie schön, dass du geboren bist.
Wir hätten dich sonst sehr vermisst.
Wie schön, dass wir zusammen sind.
Wir gratulieren dir, Geburtstagskind.

*Schreibe das Gedicht besonders schön ab
und male dazu.
Schenke es jemandem, der Geburtstag hat.*

Hap–py birth–day to you, hap–py birth–day to you,
Zum Ge– burts–tag viel Glück, zum Ge– burts–tag viel Glück,

Birthday
Tom
e from

Happy
Birthday **8**
Jennifer Kennedy
With love from
Mum, Dad and Max.

Herzlichen Glückwunsch
Anke wird heut 8.
Sie hat uns froh gemacht.
Alles Gute von
Mama, Oma, Opa und Max.

Herz.
Glückv
Jana
Dein Mor

3 *Worum geht es in diesen Anzeigen?*

8

Ein Besuch im Hallenbad

1 Was tun die Besucher im Hallenbad?
Was tun die Bademeister?

baden, schwimmen, spielen, helfen, tauchen,
springen, spritzen, arbeiten, starten, streiten,
aufpassen, stehen, retten, staunen

2 Schreibe in die Tabelle die passenden Verben.
Viele passen in beide Spalten.

 S.112
Verben

Das tun die Besucher	Das tun die Bademeister
baden	helfen
. . .	. . .

3 Was können die Leute im Schwimmbad
sagen oder fragen oder rufen?
Sammelt viele Sätze.

S.115
Sätze

> Ich schwimme noch eine Bahn.

> Komm raus !

> Ich komme raus.

> Willst du rauskommen?

> Pass doch auf !

> Gehst du mit zur Rutsche ?

> Spritz nicht so !

4 Schreibe zehn Sätze auf
und unterscheide dabei die drei Satzarten:

Ausrufesatz: Komm raus!

Fragesatz: Willst du rauskommen?

Erzählsatz: Das Wasser ist schön warm.

5 Suche auf dieser Seite die Verben,
die mit **sp** oder **st** anfangen.
In der Wörterliste (ab Seite 123) findest du
weitere Wörter.

St / st	Sp / sp

· Tätigkeiten und sprachliche Äußerungen im Schwimmbad: Verben bestimmen und zuordnen ·
· Satzarten bestimmen · Satzzeichen · Wörter mit „sp/st" üben ·

65

Am Sprungbrett

1 *Erzähle, was hier passiert.*

2 *Wie kann die Geschichte weitergehen?*

3 *Schreibe die ganze Geschichte auf.*
Gib deiner Geschichte eine Überschrift.
Die Merkwörter können dir dabei helfen,
vielleicht auch noch folgende Wörter:
rufen, winken, Kopfsprung, gefährlich

4 *Merkwörter üben:* ⟶ ⟶ ABC ⟶

schwimmen
baden
helfen
springen
streiten
aufpassen
retten
?

5 Im Schwimmbad
Die Bademeister
arbeiten im Schwimmbad.
Sie passen auf und helfen
und manchmal retten sie.
Die Kinder baden und springen.
Sie schwimmen
und manchmal streiten sie.

6 Verwandte Verben
sie badet, er hilft, sie arbeitet,
er springt, sie passt auf, er rettet,
wir streiten, wir sind geschwommen

Die Verben sind mit den Merkwörtern verwandt.
Schreibe die Wortpaare nebeneinander.
Kreise ein, was gleich ist.
Was ändert sich manchmal?

S.112 Verben

sie badet – baden
sie hilft – helfen

Freizeit - Arbeitszeit

Verschiedene Berufe:

Bademeister
Kassierer
Verkäufer
Sänger
Tierpfleger
Hausmeister
Busfahrer

1 *Damit wir im Hallenbad schwimmen können, müssen andere Leute arbeiten.*
Überlegt, wer alles im Hallenbad arbeitet.

2 *Wer muss arbeiten,*
- *damit wir ein Pausenbrot haben?*
- *damit wir den Zoo besuchen können?*
- *damit wir einkaufen können?*

3 *Meistens arbeiten Männer und Frauen in den selben Berufen.*
Die Berufsnamen unterscheiden sich aber.
Sucht Beispiele.

4 *Schreibe mit den Artikeln **der**, **die** nebeneinander:*
den Berufsnamen für Männer
und den Berufsnamen für Frauen:
der Bademeister – die Bademeisterin

📖 **S.111 Artikel**

5

| Der / Die | Bademeister / Kassierer / Tierpfleger / Hausmeister / Verkäufer | -in | arbeitet | in der Schule. / im Hallenbad. / im Zoo. / im Kaufhaus. |

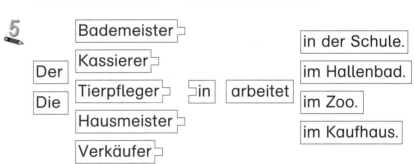

Schreibe sechs Sätze. Verwende dabei drei Berufsnamen für Frauen und drei für Männer.

6 *Schreibe die weiblichen Berufsnamen in der Einzahl und der Mehrzahl:*
die Bademeisterin – die Bademeisterinnen

· über Arbeit, Berufe aus dem eigenen Erfahrungsbereich sprechen ·
· männliche und weibliche Berufsnamen finden · Mehrzahl weiblicher Berufsnamen bilden ·

67

Was wir in der Freizeit gerne tun

1 *Was macht ihr in der Freizeit gerne?*
Was machen Erwachsene gerne? Fragt sie mal.

2 *Schreibe auf, was die Leute auf den Bildern*
machen. Diese Wörter helfen dir:
fernsehen, einkaufen, wandern,
Fußball spielen, Fahrrad fahren.
Die Kinder sehen fern.

3 *Schreibe eine Woche lang täglich auf,*
was du in der Freizeit machst.

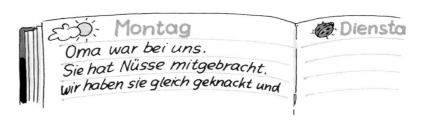

Montag — Diensta
Oma war bei uns.
Sie hat Nüsse mitgebracht.
Wir haben sie gleich geknackt und

Ma bedeutet Maxtag!

1 Wo findet ihr solche Abkürzungen?
Was bedeuten sie?
Mo bedeutet Montag.
Di bedeutet ...
Mi bedeutet ...

2 Wort ⊐ ⊏bau⊐ ⊏steine

	Mon⊐	Donners⊐
	Diens⊐	Frei⊐
der	Regen⊐	Sams⊐ ⊏tag
	Geburts⊐	Sonn⊐
	Wochen⊐	Feier⊐

3 *Merkwörter üben:* ▱▱▱⟩▱▱⟩ A B C ⟩

4 **Viele Tage**
Die Woche hat 🐻 sieben Tage: 🐻
Montag, Dienstag, 🐻
Mittwoch, Donnerstag, Freitag, 🐻
Samstag und Sonntag. 🐻
Aber der schönste Tag 🐻
ist mein Geburtstag. 🐻
▱🐻⟩ ▱🐻🐻⟩

der	Tag
der	Montag
der	Dienstag
der	Mittwoch
der	Donnerstag
der	Freitag
der	Samstag
der	Sonntag
der	Geburtstag
die	Woche
	?

5 *Setze alle Tage von Aufgabe 2 in die Mehrzahl.*
ein Montag – viele Montage

📖 S.110
Nomen (Mehrzahl)

6 Am Sonntag scheint die Sonne,
am Montag kommt Herr Mon, ...
Wer kennt die Geschichte
und kann dazu erzählen?

Beim Bäcker

Spielt, wie es weitergehen kann.
Hier sind sechs Möglichkeiten:

 Das Kind ruft: „Ich!" Da drängt sich der
Mann vor und sagt: „Ich habe es sehr eilig.
Ein Brot bitte!"

 Die Frau wünscht: „Ich hätte gern fünf
Brötchen!" Da sagt der Mann: „Das Kind ist
aber vor Ihnen an der Reihe!"

 Das Kind sagt: „Ich! Aber ich habe vergessen,
was ich kaufen soll."

 Das Kind ruft: „Ich!" Da schimpft die Frau:
„Nicht vordrängeln, kleines Fräulein. Ich
war vorher da."

 Da fragt das Kind: „Können Sie mich bitte
drannehmen? Ich will nur zwei Brötchen."

 Da . . . *(Denkt euch selber etwas aus!)*

Die bunte Seite

1 Eine Woche

Am Montag schlafe ich mich aus.
Am Dienstag geh ich aus dem 〰〰〰.

Am Mittwoch such ich hundert Sachen.
Am Donnerstag muss ich immer 〰〰〰.

Am Freitag fahr ich mit dem Rad.
Am Samstag nehme ich ein 〰〰〰.

Am Sonntag esse ich ein Ei.
Dann ist die Woche schon 〰〰〰.

Ergänze die fehlenden Wörter.

15	16	17	18	19	20	21
Sonntag	Montag	Dienstag	Mittwoch	Donnerstag	Freitag	Samstag
Sunday	Monday	Tuesday	Wednesday	Thursday	Friday	Saturday
Dimanche	Lundi	Mardi	Mercredi	Jeudi	Vendredi	Samedi
Domenica	Lunedi	Martedi	Mercoledi	Giovedi	Venerdi	Sabato
Zondag	Maandag	Dinsdag	Woensdag	Donderdag	Vrijdag	Zaterdag

2 Welche Sprachen stehen wohl auf dem Kalender?

3 Welche Wörter sind ähnlich, welche ganz anders.

9

HUND UND KATZE – BAUM UND STRAUCH

Das ist die Katze

Muckel

Name: Katze Muckel

● Was ich alles weiß:

Die Katze Muckel ist schwarz.
Sie hat ein weiches Fell.
In der Nacht geht sie viel
spazieren. Sie gehört
Frau Weber.

Name: Tulpe

Blatt — Blüte
Stiel
Zwiebel
Wurzeln

Sie wächst in vielen Gärten.
Manchmal kaufen wir einen
Strauß für das Wohnzimmer.
Es sind meine Lieblingsblumen.

1 Über welche Tiere und Pflanzen kannst du
etwas erzählen?

2 Schreibe zu einem Tier oder einer Pflanze
ein Blatt wie oben.
Zeichne dazu oder klebe ein Foto dazu.

3 Ihr könnt eure Blätter sammeln
und ein Lexikon daraus machen.

Klasse 2a
Unser Lexikon
über
Pflanzen
und
Tiere

4
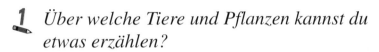

- Im Januar habe ich ihre Zwiebel
  in einen Blumentopf gesteckt.
- Sie ist getigert und hat grüne Augen.
- Im März kam ihr Stängel aus der Erde.
- Sie hat ein ganz weiches Fell.
- Jetzt blüht sie mit roten Blättern.
- Am liebsten liegt sie auf der Fensterbank.

Hierin stecken zwei Texte:

| Meine Tulpe | Unsere Katze |

*Schreibe die passenden Sätze zu den
Überschriften.*

Kennt ihr alle diese Tiere?

Okapi

Nilpferd

Yak

Chamäleon

Vielfraß

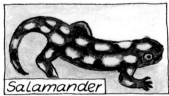

Salamander

Regenwurm · Taube · Esel · Igel · Affe · Dackel · Biene · Katze · Löwe · Uhu · Zebra · Wal · Fuchs · Jaguar · Pinguin · Maus · Giraffe · Qualle · Hamster

Gibt es denn gar kein Tier mit X?

1 *Ordnet die Tiere von dieser Seite nach dem ABC.*
A Affe
B Biene

2 *Findet ihr in einem Lexikon etwas über* **Vielfraß** *oder* **Chamäleon**?
Findet ihr auch etwas über andere Tiere?

3 Man denkt sich ein Tier aus
Man darf nur mit „ja" oder „nein" antworten.
Die Kinder fragen. Zum Beispiel:
Kann es fliegen? – Nein.
Frisst es Gras? – Ja.
Ist es eine Giraffe? – Nein.
Ist es ein Elefant? – Ja.

4 *Warum sagt man bei dem Fragespiel nicht:*
Ist es **die** *Giraffe?*

Auch **ein** und **eine** sind Artikel.

5 *Schreibe zehn Tiere mit den Artikeln*
ein *oder* **eine**.

das	Tier
die	Katze
der	Hund
das	Gras
der	Affe
die	Biene
die	Maus
der	Vogel
die	Blume
	?

1 *Merkwörter üben:*

2 *Das reimt sich auf **Tier**:*

Tier Pap~~~~ h~~~~
St~~~~ Klav~~~~ v~~~~

*Andere Reimwörter mit **ie**:*

Biene liegen Ziege Spiegel
Sch~~~~ fl~~~~ W~~~~ Z~~~~
  kr~~~~ Fl~~~~ R~~~~

3

Dieses Tier hier

ist ein ⚹ .

Beine hat es vier.

Es ist keine 🐐

und auch keine 🐛 .

Er ist aus Papier,

dieser kleine ⚹ .

Schreibe den Text mit allen Wörtern.
Die fehlenden Wörter findest du bei Aufgabe 2.

4 **Tiere am Haus** 🐻
Hund und Katze 🐻 und die Maus, 🐻
diese Tiere leben 🐻 gern im Haus. 🐻
Der Vogel sucht 🐻 den Wurm im Gras, 🐻
die Biene sucht 🐻 bei Blumen was. 🐻
Doch der Affe, 🐻 dieses Tier, 🐻
lebt nicht hier. 🐻

Lustige ABC-Geschichten

Rote Rosen riechen riesig.

R r

Langsame Löwen laufen leise.

L l

Meine Mäuse mögen muntere Meerschweinchen.

M m

1 *Nach welchen Regeln haben die Kinder diese ABC-Geschichten erfunden?*

a angeln
arbeiten
anschauen
b beeilen
bimmeln
beißen
braten
c campieren

2 *Für ABC-Geschichten braucht ihr viele Verben. Die Wörterliste kann euch helfen.*

📖 S.112
Verben

3 *Schreibt selbst lustige ABC-Geschichten.*

4 *Bei den ABC-Geschichten stehen die Nomen in der Mehrzahl. Schreibe zehn Tiere in der Einzahl und in der Mehrzahl.*
eine Katze – viele Katzen

📖 S.110
Nomen

Löwen lieben lachende Lehrerinnen.

5 Kleine Katzen können großen Giraffen keine Küsse geben.
*Lies die Anfangsbuchstaben besonders deutlich Übermale mit zwei Farben alle **K, k, G, g.***

6 *Ergänze die Buchstaben: **G** oder **K**?*
≋aninchen, ≋amel, ≋oldfisch, ≋atze, ≋orilla, ≋rebs, ≋ater, ≋ans, ≋iraffe, ≋rabbe

Was die Tiere tun

1 *Suche zu jedem Verb ein Tier, das dazu passt:*
laufen, klettern, schwimmen, fliegen,
kriechen, hüpfen

Schreibe dann sechs Sätze:
Ein Dackel kann laufen.

S.112
Verben

Wie die Tiere sind

2 *Suche zu jedem Adjektiv ein Tier, das dazu passt:*
leicht, winzig, riesig, weich, glatt, schwer.

Schreibe dann sechs Sätze:
Ein Schmetterling ist leicht.

S.114
Adjektive

3 *Merkwörter üben:* ⌇⌇⌇▷ ⌐⌐ ▷ A B C ▷

4 Tiere 🐻
Sie können fliegen, 🐻 klettern, kriechen, 🐻
können schwimmen 🐻
und auch riechen. 🐻
Sie sind riesig oder winzig klein, 🐻
glatt und weich und fein. 🐻
Sie sind leicht oder schwer. 🐻
Manche kommen 🐻 von weit her. 🐻
🐻▷ 🐻🐻 ▷

klettern
fliegen
kriechen
riechen
winzig
riesig
weich
glatt
leicht
schwer
?

5 *Welche Tiere und Pflanzen hast du gerne?*
Schreibe in der Mehrzahl:
Ich habe Katzen gerne. Ich …

6 *Schreibe die vier Merkwörter mit **ie** auf.*
Suche in der Wörterliste auf Seite 126
*weitere sechs Wörter mit **ie.***

Manchmal wäre ich gern...

Manchmal wäre ich gern ein Elefant.
Ich bin schrecklich schwer und groß
und wenn ich mich irgendwo
hinsetze,
dann kann mich keiner mehr
wegschieben.
Am Morgen setze ich mich
vors Schultor,
dann muss die Schule ausfallen,
weil keiner in seine Klasse kann.

Erhardt Dietl

1 *Könnt ihr euch vorstellen, ein Tier
oder eine Pflanze zu sein?
Dann könnt ihr auch etwas Besonderes machen:*

Manchmal wäre ich gerne
ein Kaktus.
Ich könnte
wunderschön blühen
und Leute pieksen.

Manchmal wäre ich gerne
ein Löwe.
Ich könnte
den ganzen Tag
im warmen Wüstensand
liegen und gähnen
und brüllen.

Manchmal
wäre ich gerne
ein Mammutbaum.
Ich könnte
in den Himmel
wachsen und
mit dem Mond ein
Nachtlied singen.

2 *Hängt eure Arbeiten in der Klasse auf oder
stellt die Blätter zu einem Buch zusammen.*

Die bunte Seite

Katzen können flitzen

1 Schreibe alle Wörter,
die du bilden kannst.
Unterstreiche die Wörter,
die zur Katze passen.

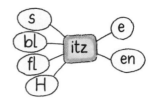

Was Katzen können

2 Alle K▨▨▨▨ haben T▨▨▨▨.
Alle K▨▨▨▨ können kr▨▨▨▨.
können fl▨▨▨▨,
können auf dem Sofa s▨▨▨▨.

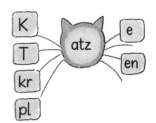

*Kannst du das Gedicht auswendig sagen
und dann ohne Fehler schreiben?*

3 Was sagt Kevin? Was sagt Ann?

4 Sag die beiden Sätze so, dass sie auf dich passen.

10

Bücher können Freunde sein

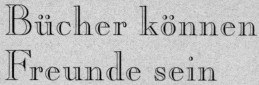

IN DER BIBLIOTHEK IST WAS LOS!

Schulbücherei

Leserausweis Nr. *86*

Zu- und Vorname *Christine Neuhaus*

Geburtsdatum *27. 8. 1987*

Klasse *3b*

Wohnung *Saarstr. 18*

Tag der Ausstellung *8. 11. 96*

Adolf-Feld-Schule Oberhausen
Schulbücherei

Unsere Lieblingsbücher

1 Wollt ihr in der Klasse Bücher tauschen oder ausleihen? Dann könnt ihr auch solche Briefe für die Pinnwand schreiben.

Ich habe ein Bastelheft. Es heißt: „Die Schule fängt an." Da sind tolle Ideen für die Schule und zu Hause drin. Wer bastelt mit mir?

Sabine

Ich verleihe ein Buch. Es heißt „Nur für einen Tag." Das ist lustig und spannend.

Verena

2 Bringt eure Lieblingsbücher mit. Erzählt etwas davon, ihr könnt auch eine besonders schöne Stelle vorlesen. Nennt auch den Autor oder die Autorin.

3

Die Autorin	ist der Name des Buches.
Der Titel	hat das Buch geschrieben.
Der Verlag	hat das Buch hergestellt.

Wie gehören die Sätze richtig zusammen?

4

> ### Mein Buchtipp
>
> Titel: Nur für einen Tag
> Autor: Manfred Mai
> Verlag: Ravensburger
>
> Darum geht es in diesem Buch:
> Ein Kind tauscht für einen Tag mit dem Vater den Beruf. Das Kind geht ins Büro und der Vater geht in die Schule.
> Das gefällt mir an diesem Buch:
> Es ist sehr lustig. Ich würde auch mal gerne mit meinem Vater tauschen.

Ich habe ein Buch vom Hotte-Max.

Schreibe über dein Lieblingsbuch einen Buchtipp für andere Kinder.

· über Lieblingsbücher berichten · einen Buchtipp nach einem Muster schreiben ·
· Mini-Projekt: Tauschbörse für Bücher ·

81

So entsteht ein Buch

Das Buch wird gedruckt und bekommt einen Einband.

Der Verlag ist einverstanden. Er lässt mit dem Text ein Buch herstellen.

Die Autorin hat eine Idee. Sie schreibt den Text.

Die Grafikerin zeichnet Bilder für das Buch.

Die Autorin schickt ihren Text an einen Verlag.

Das Buch wird in den Buchhandlungen verkauft.

1 *Berichte, wie ein Buch hergestellt wird.*
Suche zu den Bildern die passenden Texte.

Verwandte Wörter rund ums Buch

2

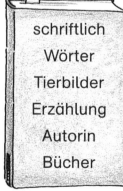

Wort	schriftlich	wörtlich
Schrift	Wörter	Handschrift
Bilder	Tierbilder	Bild
erzählen	Erzählung	Erzählerin
Autor	Autorin	Bücherei
Buch	Bücher	Krimiautor

In den Büchern stehen verwandte Wörter.
Schreibe jeweils die Wörter nebeneinander.
Schreibe so: Wort – Wörter – wörtlich
Kreise ein, was immer gleich ist.

· Herstellung eines Buches nach Bildvorlagen beschreiben ·
· Wortverwandtschaften erkennen ·

Ein Mini-Buch

1 So kannst du ein Mini-Buch
mit acht Seiten herstellen:
Du brauchst ein Blatt.
Falte es zweimal.
Eine Kante heftest du mit dem Tacker,
eine Kante musst du aufschneiden.

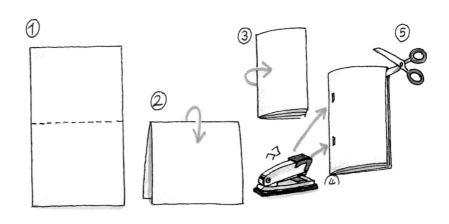

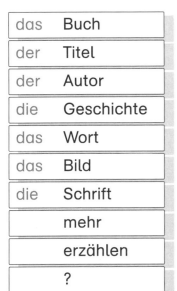

2 Ideen für eigene Bücher
findet ihr links am Rand.

3 Merkwörter üben:

4 **Mein Buch** 🐻
Mein Buch hat einen Titel 🐻
und einen Autor. 🐻
Es erzählt mir Geschichten, 🐻
mal zart, 🐻 mal wild, 🐻
mal mit Worten und mit Schrift; 🐻
mal mit Bild. 🐻
Darum ist es mir 🐻
mehr als Papier. 🐻

das	Buch
der	Titel
der	Autor
die	Geschichte
das	Wort
das	Bild
die	Schrift
	mehr
	erzählen
	?

Eine Vater-und-Sohn-Geschichte

1 *Erzählt euch die Bildergeschichte.*
Diese Wörter können euch helfen:
warten, rufen, liegen, holen, liest, ruft,
lesen, liegt, spannend, ungeduldig.

2 *Findet passende Überschriften.*

3 *Die Geschichte könnt ihr auch spielen.*

4 *Zwei Sätze sind Fragen,*
zwei Sätze werden gerufen.
Setze immer das richtige Zeichen
an das Satzende.

S.115
Sätze

Komm sofort her▨   Wo ist denn unser Sohn▨
Was liest du denn da▨   Vater, komm essen▨

Verwandte Wörter rund ums Buch

Lesebuch vorlesen
ablesen Leser
Leserin leserlich
verlesen
Lesezeichen
lesen Lesebrille

1 *Suche zuerst die fünf Nomen.*
Schreibe sie mit Artikel auf.
Schreibe dann die vier Verben
und zuletzt das Adjektiv.

S.110 Nomen

S.112 Verben

S.114 Adjektive

2 *Kreise bei allen Wörtern ein,*
was immer gleich ist.

3

Kinder
Taschen
Rechen
Lese
Märchen
Tier
Buch
Bücher

Buch
Bücher
Händler
Laden
Händlerin
Wurm
Umschlag
Regal
Kiste

Bilde mit den Bücherwörtern
zusammengesetzte Nomen.
*Setze immer die Artikel **der, die, das** davor:*
das Kinderbuch, ...

S.111 Artikel

4 *Bilde mit den Wortbausteinen*
zusammengesetzte Verben.

S.113 Wortbausteine

ab
vor
auf
ver
aus
über

lesen

5 *Setze passende Verben*
aus Aufgabe 4 ein:

- Die Kinder sind ganz still. Die Lehrerin will
  ihnen eine lustige Geschichte 〰〰〰〰 .
- Miriam findet ihr Buch so spannend.
  Sie will es am Sonntag ganz 〰〰〰〰 .
- Martin hat sich an einer Stelle 〰〰〰〰 .
- Kevin kann sein Gedicht noch nicht auswendig.
  Deshalb muss er es 〰〰〰〰 .

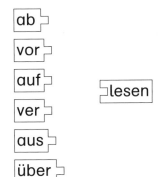

· Wörter den Wortarten Nomen, Verb, Adjektiv und Artikel zuordnen ·
· Wortverwandtschaften erkennen · verwandte Wörter suchen, bilden und schreiben ·

85

Wir machen einen Lesewettbewerb

Darüber müsst ihr sprechen:

1 Was sollen wir vorlesen?

2 Wie sollen wir üben?

3 Wie sollen wir vorlesen

4 Was wollen wir noch machen?

Vorschläge

Wir lesen …
… etwas aus dem Lieblingsbuch.
… eine Geschichte aus dem Lesebuch.
… eine Geschichte aus einer Zeitschrift.

Wir können …
… leise für uns lesen.
… laut lesen.
… einem anderen vorlesen.
… lesen und mit einem Recorder aufnehmen.

Wir lesen richtig.
Wir lesen flüssig.
Wir sprechen deutlich.
Wir beachten Pausen.
Wir lesen, wie es zu der Geschichte passt:
☆ mal lauter, mal leiser,
☆ mal langsamer, mal schneller,
☆ mal wütend, mal lustig.

Und wenn ich mich verlesen habe?

Wer vorgelesen hat, bekommt eine schöne Urkunde.
Wir laden eine andere Klasse zum Vorlesen ein.

Die bunte Seite

Ein Lesezeichen für dich –
oder zum Verschenken

1
- Schneide aus farbiger Pappe
einen Streifen aus:
15 cm lang und 3 cm breit.
- Stanze oben ein Loch aus
und binde bunte Fäden durch.
- Male ein Bild auf den Streifen
oder ein Muster
oder klebe ein Bild auf.

2

Du schreibst an mich
und ich an dich
und unsere Schrift
ist leserlich.

Es ist immer so gewesen,
in der Schule wird gelesen.

Für Leser und für Leserin
steht im Lesebuch viel drin.

Schreibe einen Spruch auswendig auf.

3 Woran erkennst du, dass in diesen Büchern
immer dieselbe Geschichte steht?

11

Meine
Birnenuhr

Meine
Autobirne

Mein
Apfelsinenhaus

Mein
Zahnbürsten–
Schmetterling

MEINE verrückte verrückte WELT

Nicht zu glauben oder doch?

Mein
Hundeschrank

Meine
Fingerpalme

Mein
Fernsehschuh

Meine
Staubsaugerrose

Geschichten erfinden

1 Wer den Erzählstein hat, darf weitererzählen.
Probiert es aus.
Wer beginnt eine neue Geschichte:
Als ich aus dem Fenster sah …

Sebastian, er sah, bunte Luftballons,
ein Verkäufer, er kaufte alle

hielt die Schnüre fest, mit Gas gefüllt,
schwebte, flog hoch, flog über …

2 Schreibe eine Luftballon-Geschichte
von Sebastian auf. Denke an die Überschrift.

Auf einer einsamen Insel

Auf der Insel Maxiland gibt es Max und auch viel Sand.

1 Wie gefallen euch die beiden Geschichten auf den Seiten 90 und 91?

2 Woran merkt man, dass es eine einsame Insel ist? Wie gehen die Geschichten für die Erzählerinnen aus?

3 Vergleicht beide Geschichten. Was ist anders? Was ist gleich?

· verschiedene Geschichten miteinander vergleichen ·
· Gestaltungsmerkmale erkennen ·

Auf der Insel

Als ich auf der einsamen Insel ankam, habe ich als Erstes mit den Fischen im Wasser gespielt.

Danach habe ich einen ganz niedlichen Affen gesehen und wir wurden Freunde.

Am Abend kam jemand.

Es war ein kleiner Tiger. Wir haben auch Freundschaft geschlossen.

Einige Tage später kam ein Schiff.

Es hat mich nach Hause gebracht. Und weil ich mich von meinen Freunden nicht trennen wollte, habe ich sie mitgenommen. Wir drei haben noch viele Abenteuer erlebt.

4 *Erzählt selbst Insel-Geschichten:*
Wie sieht es auf deiner einsamen Insel aus?
Was möchtest du dort erleben?

5 *Ihr könnt eure Geschichten malen oder*
aufschreiben.

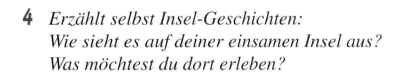

Fantasie-Schatzkiste

Auf den herausragenden Zetteln steht:

"Steig auf", sagte mein Wellensittich und flog mit mir

Einmal wurde mein Spielzeugauto größer und größer

Als ich auf unserer Trauminsel ankam,

FANTASIE-SCHATZ

Einmal war ich unsichtbar

Mitten in der Nacht konnte meine Puppe

1 In der Schatzkiste liegen viele Geschichten.
Nur einige Anfänge gucken heraus.

Wähle einen Anfang und denke dir allein,
mit einem Partner oder einer Partnerin
eine Geschichte aus.
Diese Fragen können dabei helfen:

- Wie geht die Geschichte weiter?
- Wie geht die Geschichte zu Ende?
- Welche Überschrift passt zur Geschichte?

2 Erzählt euch Geschichten.
Verwendet dabei Merkwörter von Seite 93.

3 Male oder schreibe deine Geschichte auf.

4 Eure Geschichten könnt ihr aushängen
oder in einem Geschichtenbuch sammeln.

Mit Pippi auf der Trauminsel

Als ich auf der Trauminsel ankam, war Pippi Langstrumpf schon da.

Zum Nachtisch holte Pippi Kokosnüsse.

Dann saßen wir die ganze Nacht am Feuer und erzählten uns viele Abenteuer.

Am nächsten Morgen wachte ich zu Hause in meinem Bett wieder auf.

Zuerst zeigte Pippi mir die ganze Insel. Plötzlich hatten wir Hunger. Wir fingen uns Fische und grillten sie.

1 *Diese Geschichte ist durcheinander geraten. Lest sie in der richtigen Reihenfolge.*

2 *Schreibe sie in der richtigen Reihenfolge ab. Unterstreiche die Merkwörter.*

3 *Merkwörter üben:* ⟋⟋⟍▷⟍▷⟍ ABC ▷

da
einmal
als
dann
zuerst
plötzlich
zuletzt
bald
?

4 **Es war einmal** 🐻
Als es bei uns 🐻 noch Wölfe gab, 🐻
da wollte ein Kind 🐻
seine Oma besuchen. 🐻
Im Wald 🐻 traf es plötzlich einen Wolf. 🐻
Zuerst hatte es große Angst. 🐻
Doch dann wurden sie 🐻 bald gute Freunde. 🐻
Zuletzt gingen beide zur Oma. 🐻
🐻 ▷ 🐻🐻 ▷

1 *Erzählt hierzu im Kreis – wie geht es wohl weiter?*
Oder: *Schreibe oder male die Geschichte.*

Gespenster im Haus – Guspunstur um Huus

Um Funstur, um Funstur
sutzen suchs Guspunstur.

Um Kullur, um Kullur
huschun sie schnullur.

Um Flur, um Flur
luchun sie nur.

Um Duch, um Duch
muchun sie Kruch.

2 *Lies die Verse geheimnisvoll vor. Was wurde*
in den Wörtern geändert?
Schreibe die Verse mit richtigen Wörtern auf.

3 *Der Comic ist aus einer englischen Zeitung.*
Verstehst du die Geschichte? Erzähle sie.

12

BUONA PASQUA

HAPPY EASTER, MOM AND DAD...

Durch das Jahr

Frohe Ostern

Pogodnych Świąt

Durch das Jahr: Herbst

Im Sommer hängen sie grün am Baum. Im Herbst werden sie braun und fallen ab.

Der Bauer holt sie im Herbst aus der Erde. Sie schmecken uns aber das ganze Jahr.

Er wächst am Baum, wird grün oder rot. Im Herbst ist er reif, schmeckt süß oder sauer.

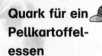

Quark für ein Pellkartoffelessen

Rezept für vier Personen

Ein kleines Päckchen Kräuterquark in eine Schüssel geben.
Mit etwas Milch und etwas Salz verrühren.

Rätsel vom Herbst

1 *Schreibe die Rätsel auf und male die Lösung dazu.*

Kartoffelessen in der Klasse

2 *Was kann man alles aus Kartoffeln machen?*

3 *Wie kocht man Pellkartoffeln?*

4 *Könnt ihr in eurer Klasse Pellkartoffeln mit Quark machen? Ihr findet hier ein Rezept für den Quark. Kennt ihr noch ein anderes Rezept?*

Guten Appetit! Den bringen alle mit!

Pommes frites · Bratkartoffeln · Salzkartoffeln

Kartoffel	wörter
	brei
	salat
	kloß
	schale
Kartoffel	sack
	suppe
	chips
	puffer
	rezept

1 *Schreibe die Kartoffelwörter auf.*

2 *Das schmeckt mir gut: …*

3 *Kontrolliere deine Wörter.*
Hast du bei **Kartoffel**
an das **ff** *gedacht?*

Wörter aus dem Supermarkt

4 *In sechs Wörtern ist ein Buchstabe verdoppelt.*
Schreibe diese Wörter auf.
Übermale die Doppelbuchstaben.

Butter   PIZZA   **Milch**

Sahne   KIRSCHEN   Fleisch   Quark

Mineralwasser   Nudeln

Mehl   Suppe   Wurst

KARTOFFELN

Salat   Pfeffer

Käse   **Reis**   ÄPFEL   Eier

Durch das Jahr: Advent

Ich wünsche mir, dass ich morgen mein Zwergkaninchen mitbringen darf. Sabine

Ich wünsche mir, dass wir in der Pause das Augenzwinkerspiel machen. Philipp

Adventskalender-Wünsche für die Klasse

1 *Ihr dürft euch wünschen, was in der Klasse oder in der Pause gemacht werden soll. Jeder hat einen Adventswunsch frei.*

Was wünscht ihr euch? Denkt an:
- *Spiele*
- *Lieder*
- *Vorlese-Geschichten*
- *Aufgaben für die Lehrerin*
- *andere Wünsche*

2 *Suche dir einen Wunsch aus. Schreibe ihn auf ein Papier.*

Rollt die Papiere zusammen und hängt sie in der Klasse auf.

Ich wünsche euch einen schönen Adventskalender.

Ich wünsche mir, dass wir zusammen ein Krippenspiel machen. Uli

Ich wünsche mir, dass wir jeden Morgen vor dem Unterricht ein Weihnachtslied singen. Kathrin

Durch das Jahr: Weihnachten

Weihnachtslichter

Ihr braucht dazu:
- leere Walnuss-Schalen
- Kerzenreste
- Baumwollfäden
- ein Gefäß mit Wasser

So wird es gemacht:
Kerzenreste für einige Minuten
in heißes Wasser legen, dann kneten.
So viel Kerzenrest,
wie in eine Nuss-Schale passt,
um einen Wollfaden formen
und in die Nuss drücken.

Weihnachts	wörter
	licht
	baum
	kerze
	mann
Weihnachts	feier
	geschenk
	karte
	gruß
	gedicht

1 Schreibe die Weihnachtswörter auf.

Weihnachtslicht, . . .

2 **Unter dem Weihnachtsbaum** 🐻

Weihnachtsabend 🐻
ist es wieder 🐻
und wir singen 🐻
Weihnachtslieder. 🐻
Wir zünden 🐻
Weihnachtskerzen an 🐻
und warten 🐻
auf den Weihnachtsmann. 🐻

Durch das Jahr: Karneval

Wir feiern in der Klasse

FASTNACHT · KARNEVAL · FASCHING · FASENACHT

Ihr könnt für eure Feier ein Thema wählen:

Märchenland

ZirKus

WELTRAUMFAHRT

1 Welche Ideen habt ihr für eine
Feier im Märchenland? Im Zirkus?
Bei einer Weltraumfahrt?

2 • Wie kann die Klasse geschmückt werden?
• Wie könnt ihr euch verkleiden?
• Was könnt ihr machen?
  (spielen, singen, basteln, vorlesen)
Wenn ihr euch einigen wollt,
könnt ihr abstimmen.

Märchen	Zirkus	Weltraumfahrt
I I I	ﬀﬀﬀ I I	ﬀﬀ I I

3 Nun müsst ihr noch vieles entscheiden:
• Wann und wo feiert ihr?
• Was wollt ihr essen und trinken?
• Wer besorgt die Sachen?
• Was müsst ihr noch überlegen?

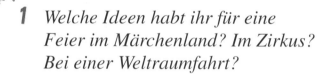

Alaaf!
Helau!
Hurra!
Und auch
der Max
ist da!

· Mini-Projekt: Gestaltung einer Karnevalsfeier ·

Indianerfrau oder Pirat?

Wer hat schwarze Kleidung,
eine Weste mit Fransen,
eine Hose mit Fransen,
einen Degen im Gurt,
ein Tuch auf dem Kopf,
ein Stirnband mit Federn,
an einem Ohr einen goldenen Taler,
das Gesicht rot und weiß bemalt,
eine schwarze Klappe vor einem Auge?

1 *Was passt zur Indianerfrau?*
Was passt zum Piraten?

2 *Schreibe zwei Texte auf und male dazu.*

Die Indianerfrau	Der Pirat

Ratespiel zum Thema

3 *Vorbereitung: Sammelt Namen von Personen*
und Tieren, die in Märchen vorkommen.
Schreibt jeden Namen auf einen Zettel.

Spiel: Ein Kind zieht eine Karte und spielt die
Person oder das Tier darauf. Es darf sich auch
Mitspieler wählen.
Die anderen Kinder raten.

Noch ein Ratespiel

4 *Ein Kind bekommt von den anderen einen*
Märchennamen auf den Rücken geheftet.
Es fragt die anderen Kinder und muss
herausbekommen, welcher Name es ist.

Durch das Jahr: Ostern

Frohe Ostern, liebe Grüße

Zu Ostern schicken sich Familien und
Freunde Grüße und Wünsche.

1 Eine besondere Karte zu Ostern könnt ihr
selbst basteln, schreiben, verschenken und
verschicken. So wird sie gebastelt:

1. Festes Papier – so groß wie ein Schreibheft – in der Mitte falten.

2. Ein großes Ei aufmalen und ausschneiden. ein Stück vom Rand bleibt als Faltrand stehen.

3. aufklappen

4. So wird die Osterkarte beschriftet:

Vorderseite,
als buntes Ei
bemalt.

für Omi

Innenseiten,
mit dem
Ostergruß.

Frohe Ostern

und schönes Osterwetter wünscht Isa

2 Du kannst auch andere Osterwünsche schreiben.
Die Osterwörter können dir helfen:
Ostertage, Osterbesuch, Osterhase,
Osterfeier, Osterblumen, Osterurlaub.

Ostergrüße

Frau Else Baumann Adolf-Feld-Straße 25 46045 Oberhausen

An meine Oma in Oberhausen von Elisa

Frau Else Baumann Adolf-Feld-Straße 25 46045 Oberhausen

Wenn du deine Osterkarte mit der Post verschicken willst, musst du sie in einen Briefumschlag stecken.
Vorn auf den Briefumschlag schreibst du, wem die Post den Brief bringen soll.

1 Wie ist es richtig?

Ich schreibe mir selber einen Brief!

⬭n Gedicht von der M⬭se
⬭ne kl⬭ne M⬭se
machte ⬭ne R⬭se
in das Osterland,
wo sie Hasen fand.
Und die kl⬭ne M⬭se
legte gl⬭ch ⬭n ⬭,
legte gl⬭ch noch dr⬭.
Sagt der Hase l⬭se
zu der kl⬭nen M⬭se
„D⬭ne ⬭er sind ja f⬭n,
doch für Ostern viel zu kl⬭n."

2 Lest das Gedicht.

3 Schreibe es ab und setze für die 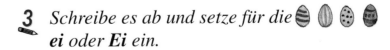 ⬭ ⬭ ⬭
ei oder Ei ein.

4 Suche in der Wörterliste (ab Seite 123) zehn
ei-Wörter. Schreibe sie ab.
Du kannst für ei dabei auch ein Osterei malen.

Durch das Jahr: Sommer

Bald gibt es Ferien

Der Sommer, der Sommer
ist eine schöne Zeit.
Da freuen sich die großen
und auch die kleinen Leut'.

1 Schreibe und male,
worüber du dich
im Sommer freust.

Sommerzeit – Eiszeit

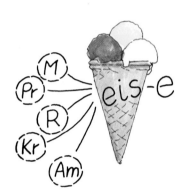

2 Aus den Wortbausteinen kannst du
wenigstens fünf Wörter bilden.
Schreibe: Meise, ...

3 Könnt ihr auf diesem Ferienbild alles lesen?
Sechs Wörter sind versteckt. Könnt ihr auch
solche Ferienbilder malen? Vielleicht vom

WALD oder von den BERGEN

SOMMERFERIENANFANG

4 Ein schönes Wort, ein langes Wort.
Aus den Buchstaben könnt ihr viele kleine
Wörter bilden, zum Beispiel:
Sommer, Ferien, immer, Ei, Eis, ...

104
· Texte zum Sommer schreiben ·
· Ideogramme auf Gestaltungsidee hin erklären · selber Ideogramme erfinden ·

Gesprächsregeln

Gesprächsregeln sollen helfen, dass jeder zu Wort kommt und jeder aussprechen kann. Gesprächsregeln können in der Klasse ausgehängt werden.

1 Wie könnt ihr regeln, dass nur einer spricht?

2 Wie könnt ihr regeln, dass alle zuhören?

3 Wie könnt ihr regeln, dass jeder zu Ende sprechen kann, bevor der Nächste drankommt?

Regeln für unsere Gespräche in der Klasse:

1. Jeder spricht laut und deutlich.
2. Wer etwas sagen möchte, meldet sich.
3.

Ein Abzählgedicht

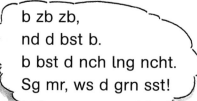

> b zb zb,
> nd d bst b.
> b bst d nch lng ncht.
> Sg mr, ws d grn sst!

Das ist keine Geheimschrift.
Hier fehlen nur einige Buchstaben:
die Selbstlaute.

Selbstlaute:
a, e, i, o, u sind **Selbstlaute.**
Sie bringen die Wörter zum Klingen.
Andere Laute sind **Mitlaute.**

---

1 *Das Abzählgedicht heißt richtig:*

> Ib zib zab
> und du bist ab.
> Ab bist du noch lange nicht!
> Sag mir, was du gerne isst!

Schreibe es ab.
Übermale dann alle Selbstlaute.

2 *Setze die fehlenden Selbstlaute ein:*

die T☒ss☒, die Kl☒ss☒
die F☒d☒r, das L☒d☒r
die K☒st☒, die L☒st☒
die S☒nn☒, die T☒nn☒
der W☒rm, der St☒rm

Aus dem Haus
schaut die Maus
traurig heraus.

Manche Selbstlaute können
zusammenwachsen:
au, ei und **eu.**

An der Scheune heulen
neun freundliche Eulen.

Meine kleine Eisenbahn
reist, soweit sie reisen kann,
eine weite Reise
immerzu im Kreise.

1 *Schreibe die Texte ab.*
*Übermale dann **au**, **ei**, **eu**.*

Die Selbstlaute **a o u** können
zu **ä ö ü** werden.
Aus **au** kann **äu** werden.

der Mann ⟨ zwei Männer / ein Männchen

2 *Schreibe die Wortpaare ab. Beispiel:*
der Mann – zwei Männer
der Mann – ein Männchen

der Kopf ⟨ zwei Köpfe / ein Köpfchen

3 *Schreibe die Wortpaare mit diesen Wörtern:*
der Vater, die Mutter, die Tochter,
der Sohn, der Bruder.

der Mund ⟨ zwei Münder / ein Mündchen

das Haus ⟨ zwei Häuser / ein Häuschen

4 *Übermale alle Selbstlaute.*

Kurz oder lang?

1 *Ergänze die fehlenden Selbstlaute.
Mache unter einen kurzen Selbstlaut
einen Punkt und unter einen langen Selbstlaut
einen Strich.*

Kurzes oder langes u?

M░tter, P░ppe, W░t, F░tter,
T░ch, B░ch, Schl░ss, H░t, M░t, S░ppe,
B░tter

Kurzes oder langes o?

P░st, T░nne, R░st, S░mmer,
V░gel, S░nne, K░pf, P░, M░nat,
W░che, M░nd

Kurzes oder langes e?

G░ld, H░xe, R░gen, B░sen, M░hl,
H░cke, H░bel, Sp░cht, F░st, F░tt,
K░ller

Kurzes oder langes a?

N░se, H░se, T░fel, T░nte, S░ck,
Fr░ge, H░nd, Gr░s, B░ll, M░ler,
M░nn, S░nd

Reimwörter

2 *Einige der Wörter auf dieser Seite reimen sich.
Schreibe die Reimwörter nebeneinander auf.*

3 *Schreibe mit einigen Reimwörtern ein Gedicht.*

108

Tierischer Unsinn

– gesprochen mit langem i
– geschrieben mit ie

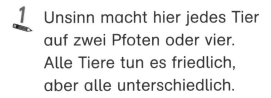

1 Unsinn macht hier jedes Tier
auf zwei Pfoten oder vier.
Alle Tiere tun es friedlich,
aber alle unterschiedlich.

Manches Zebra ist kariert,
manches Stachelschwein rasiert.
Da spielt eine Biene,
summt mit lieber Miene
und bekommt fürs Spiel
vierzig Eis am Stiel.

Schreibe alle Wörter heraus,
*die mit langem **i** gesprochen*
*und mit **ie** geschrieben werden.*

2 *Das Unsinn-Gedicht geht weiter.*
*Ergänze Wörter mit **ie***
und schreibe das Gedicht ab.

Sieben Z~~~~~~
wollen fl~~~~~~.
Am Kl~~~~~~
spielt ein St~~~~~
immer wieder
viele L~~~~~~.

3 *Suche in der Wörterliste*
*20 Wörter mit **ie**.*

Nomen:
Alle Menschen, alle Tiere und Pflanzen, alle Dinge haben Namen.
Wir nennen sie **Nomen.**
Nomen schreiben wir mit großem Anfangsbuchstaben.

1 *In der Schlange stecken neun Nomen.*
Schreibe sie getrennt auf: Sonne, . . .

ein Stift –
– drei Stifte

Einzahl – Mehrzahl
Nomen gibt es in der **Einzahl** und
Nomen gibt es in der **Mehrzahl.**

ein Ball –
– viele Bälle

2 *Setze diese Nomen in die Mehrzahl:*
ein Tisch, ein Heft, eine Tasche, eine Mappe,
ein Kind, ein Junge, ein Mädchen, ein Buch.
Schreibe so: *ein Tisch – viele Tische*

ein Ball   – der Ball

eine Puppe – die Puppe

ein Auto   – das Auto

Artikel:
Vor Nomen können Begleitwörter stehen:
der, die, das oder **ein, eine.**

 *Suche aus der Wörterliste alle Nomen heraus, die etwas mit **Schule** zu tun haben. Schreibe sie mit dem Artikel **der**, **die** oder **das**.*

2 *Suche aus der Wörterliste alle Nomen heraus, die etwas mit **Essen und Trinken** zu tun haben. Schreibe sie mit dem Artikel **ein** oder **eine**.*

3 *Setze diese Nomen in die Mehrzahl:* die Blume, die Puppe, die Katze, die Pause, der Hund, das Kind, das Schild, das Bild, der Ball, die Hand, die Maus, der Baum. *Schreibe so: die Blume – die Blumen, …*

> 🐾 **Verb:**
> Wörter, die sagen, was man tut,
> nennen wir **Verben.**
> Verben sagen auch, was Tiere,
> Pflanzen und Dinge tun.
> Verben können ihre Form ändern.

1 Schreibe aus der Wörterliste
alle Wörter heraus, die sagen,
was du gerne tust.

2

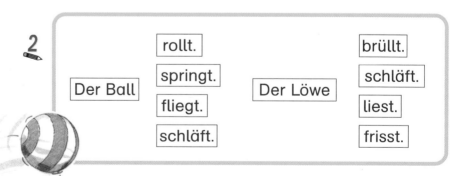

Der Ball	rollt.	Der Löwe	brüllt.
	springt.		schläft.
	fliegt.		liest.
	schläft.		frisst.

Schreibe die Sätze, die passen.

Was wünscht sich Max zum Geburtstag?

Max will Oma einen Brief maxen.
Darin will er seine Wünsche aufmaxen.
Zuerst will er alles vormaxen,
dann abmaxen
ohne sich zu vermaxen.
Zuletzt will er den Brief untermaxen.
Hoffentlich kann Oma alles lesen!

Liebe Oma !
Zum Geburtstag
wünsche ich mir ein
Kartenspiel, eine
neue Schirmmütze
ein

1 *Welches Verb musst du für* **maxen** *einsetzen?*
Es ist immer dasselbe!

2 *Ersetze* **maxen** *durch das richtige Verb.*

> Oft sind Verben mit einem
> Wortbaustein zusammengesetzt:
>
> auf ⊏ ⊏schreiben *aufschreiben*

mit
hin
auf
ab
aus
über
unter
vor
ver
weg

3 *Welche der Wortbausteine vom Rand*
passen vor diese Verben:

rechnen lesen schreiben

4 *Mit welchen Wortbausteinen vom Rand*
kann man diese Verben ändern:

laufen gehen malen geben

5 *Wähle eines der zusammengesetzten Verben.*
Schreibe damit eine kleine Geschichte.

Adjektiv:
Wörter, die sagen, wie etwas ist, nennen wir **Adjektive.**

1 Suche in der Wörterliste Adjektive, die zum Nomen **Lehrerin oder Lehrer** passen.
Schreibe so:

die schlaue Lehrerin, …
oder so:
der schlaue Lehrer, …

2 Suche in der Wörterliste Adjektive, die zum Nomen **Auto** passen.

Schreibe so:
das alte Auto, …

Aussagesatz:
Nach einem Aussagesatz steht ein **Punkt.**

Fragesatz:
Nach einem Fragesatz steht ein **Fragezeichen.**

/Aufforderungs-satz:
Nach einem Aufforderungs-satz, einem Befehlssatz und nach einem Ausrufesatz steht ein **Ausrufezeichen**

Das erste Wort in jedem Satz wird mit großem Anfangsbuchsta-ben geschrieben.

Schon seit Tagen freuen sich die Kinder auf den Zoobesuch. Heute ist es soweit.
Sie rufen und fragen:

Warum darf man die Tiere nicht füttern?

Haben alle Affen einen roten Po?

Haben die aber einen langen Hals!

Sandra, komm zurück!

Nichts ins Wasser werfen!

Wo sind die Affen?

Wer möchte die Pinguine sehen?

Wo ist die Toilette?

Ist der kleine Bär niedlich!

1

Holt bitte die Lesebücher heraus

Wer möchte anfangen

Hört bitte gut zu

Habt ihr das alles verstanden

Wie viel ist 27 + 16

Heute habt ihr aber toll gerechnet

Nun aber raus in die Pause

Sind das Fragen oder Ausrufe?
Du kannst es gut herausbekommen,
wenn du die Sätze wie die Lehrerin sprichst.

2 *Schreibe die Sätze ab. Setze an den Schluss immer das richtige Zeichen.*

3 *Schreibe drei Fragesätze und drei Aufforderungssätze auf, die deine Lehrerin oder dein Lehrer gesagt hat.*

Wörter trennen

Eine kleine Tigermaus

kam aus einem

Tigerhaus

Eine kleine

Tigermaus

Eine kleine Tiger-

maus kam aus ei-

nem Tigerhaus

Lange Wörter passen manchmal nicht in die Zeile. Dann sollte das letzte Wort nicht an den Rand gequetscht werden.

So ist es richtig:

1 *Schreibe das letzte Wort auf die nächste Zeile. Oder:*

2 *Trenne das letzte Wort. Das geht so:*

Ei-ne klei-ne Ti-ger-maus
kam aus ei-nem Ti-ger-haus.

Beim Auszählen spricht man Silben. An den Sprechsilben kann man beim Schreiben trennen.

1 *Trenne diese Wörter in zwei Sprechsilben:* Tiger, Löwe, Kamel, Hase, Eisbär, Kinder, laufen, fliegen, spielen, schlafen.

2 *Suche in der Wörterliste beim Buchstaben **M/m** zehn Wörter, die du leicht in zwei Sprechsilben trennen kannst.*

Nummer **1** ist Nummer sicher, wenn man nicht genau weiß, wie ein Wort getrennt wird.

3 Itzli – pitzli – Rabenfuß, rate mal, wer suchen muss! Itzli – pitzli – buh, nämlich du! *Trenne diesen Vers zum Auszählen in Sprechsilben.*

Fünf Übungstipps zum Rechtschreiben

Fünf Übungstipps werden am Anfang dieses Buches gegeben.

In fast allen Kapiteln übst du dann mit diesen Tipps.

Das sind die fünf Übungstipps:

Abschreiben in vier Schritten

Wie du in vier Schritten neue oder schwierige Wörter abschreiben kannst, wird auf Seite 10 erklärt.

Wörtertreppe

Wie du Wörter als Wörtertreppe schreiben kannst, wird auf Seite 11 erklärt.

Selbstdiktat

Wie du dir selbst diktieren kannst, wird auf Seite 11 erklärt.

Partnerdiktat

Wie du mit deiner Partnerin oder deinem Partner ein Diktat schreiben kannst, wird auf Seite 11 erklärt.

Eintragen in das ABC-Heft

Wie du ein ABC-Heft anlegen kannst und wie du Wörter einträgst, das wird auf Seite 17 erklärt.

Weitere Tipps für eigene Diktate

ein Selbstdiktat aus der Dose

*Du schreibst den Text auf
und schneidest ihn immer
bei 🐻 auseinander.
Die Papierstreifen werden
gemischt.*

So geht es weiter:
- *den Text in der richtigen
  Reihenfolge ordnen,*
- *den ersten Teil bis 🐻 merken,
  in die Dose stecken,*
- *Textstreifen auswendig aufschreiben.
  Mit dem nächsten Textstreifen geht
  es genauso.
  Vergleiche zum Schluss,
  ob du alles richtig
  geschrieben hast.*

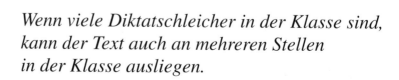

ein Selbstdiktat für Schleicher

Der Text liegt in der Klasse aus:
- *zum Text schleichen,*
- *den ersten Teil bis 🐻 merken,*
- *zum Platz schleichen und aufschreiben.
  Wieder zum Text schleichen ... und so weiter.
  Vergleiche zum Schluss wieder,
  ob du alles richtig geschrieben hast.*

*Wenn viele Diktatschleicher in der Klasse sind,
kann der Text auch an mehreren Stellen
in der Klasse ausliegen.*

118

Für die Arbeit mit dem ABC-Heft und
der Wörterliste musst du das ABC kennen.
Dieses Gedicht kann beim Lernen helfen:

A B C D E	– Ich stehe auf und geh.
F G H I J	– Zur Schule lauf ich flott.
K L M N O	– Ich bin vergnügt und froh.
P Q R S T	– Ich lern das ABC.
U V W X Y Z	– Und jetzt ist es komplett.

ABC ▷ **Merkwörter aus Klasse 1**

Das sind wichtige Merkwörter. Du kennst sie
bestimmt schon aus der Klasse 1.
Trage sie in dein ABC-Heft ein.

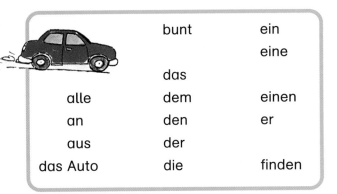

	bunt	ein
		eine
	das	
alle	dem	einen
an	den	er
aus	der	
das Auto	die	finden

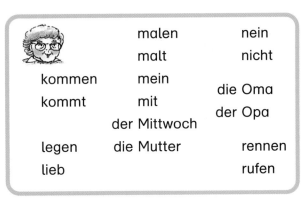

	malen	nein
	malt	nicht
kommen	mein	die Oma
kommt	mit	der Opa
	der Mittwoch	
legen	die Mutter	rennen
lieb		rufen

	das Haus	ja
gehen	die Häuser	
geht		kein
groß	ich	das Kind
	im	die Kinder
haben	in	klein
hat	ist	

	sind	was
	spielen	wir
		wo
sagen	um	wollen
schön	und	will
die Schule		
sie	der Vater	zu

1 *Lerne dieses Gedicht auswendig*
oder das von Seite 119.
Du findest dich dann besser im ABC zurecht:

ABC DEFG
Ein Hase sitzt im grünen Klee.
HIJKL MNOP
Der zweite sitzt am blauen See.
QRST UVW
Der dritte sitzt im tiefen Schnee.
XYZ
Der vierte schläft im Bett.

Übe mit deiner Nachbarin
oder deinem Nachbarn die ABC-Folge.
Versucht, das ABC ganz schnell aufzusagen.
Könnt ihr es auch rückwärts?

Stellt euch Fragen, zum Beispiel:
*Welcher Buchstabe kommt nach dem **P**?*
*Welcher Buchstabe steht vor dem **H**?*
*Welche Buchstaben fehlen zwischen **D** und **I**?*

Aufgaben zur Wörterliste

Zuerst die Wörter suchen –
dann die Wörter schreiben!

2 *Suche 10 Wörter für Sachen,*
die in deine Hosentasche passen.

3 *Suche 10 Wörter für Sachen,*
die größer sind als deine Schultasche.

4 *Suche 6 Dinge, die man essen oder trinken kann.*

5 Suche 10 Namen für Körperteile.

6 Suche 10 Wörter für Dinge,
die es in der Schule gibt.

7 Suche alle 7 Wörter für die Wochentage.

8 Suche auf einer Seite alle Wörter
mit drei Buchstaben.

9 Suche die 12 Wörter,
die mit **br, dr**, oder **kr** beginnen.

10 Suche die 16 Wörter,
die mit **fr** oder **schr** beginnen.

11 Suche 10 Lieblingswörter.

12 Suche 6 Wörter mit mehr als 9 Buchstaben.

13 Suche 10 Wörter mit **ä, ö** oder **ü**.

14 Suche 5 Wörter mit **mm**.

15 Suche 5 Wörter mit **tt**.

Nomen – Verb – Adjektiv

Wenn du diese Wortarten kennst,
dann kannst du auch diese Aufgabe lösen:

16 Welche Dinge magst du besonders gerne?
Suche 10 Nomen mit den Artikeln
der, **die**, **das**; **ein**, **eine**.

17 Was kannst du in der Schule machen?
Suche 10 Verben.

18 Wie kann ein Luftballon aussehen?
Suche alle passenden Adjektive.

19 Suche die Nomen, die einen doppelten
Selbstlaut haben (aa, ee, oo).

20 Versuche, einen Spaß-Satz zu bilden, in dem
alle qu-Wörter aus der Wörterliste vorkommen.

21 Suche auf einer Seite alle Adjektive.

Wörtersuche

Mit diesem Spiel lernst du schnell,
mit der Wörterliste umzugehen.
Und zu zweit macht es noch mehr Spaß.

- Du suchst in der Wörterliste
  ein Lieblingswort
  und schreibst es auf einen
  Zettel.

  Eis

- Deine Partnerin sucht nun
  dein Wort
  in der Wörterliste und
  schreibt den Vorgänger und
  den Nachfolger dazu.

  *eins
  Eis
  Eltern*

- Dann
  wechselt
  ihr die
  Rollen.

A a

ab
der Abend
aber
acht
der Affe
alle
allein
alles
als
alt
am
an
anfangen
die Angst
die Antwort
antworten
arbeiten
der Arm
auch
auf
aufpassen
das Auge
aus
das Auto
der Autor

Auf dieser Seite stehen die Namen von vier Tieren. Schreibe sie auf.

B b

das Baby
das Bad
baden

bald
der Ball
der Bauch
der Baum
die Bäume
bei
beide
das Bein
der Beruf
besser
besuchen
die Biene
das Bild
ich bin
bis
bitte
das Blatt
blau
die Blume
das Boot
boxen
bremsen
der Brief
bringen
der Bruder

brüllen
brummen
das Buch
bunt
der Bus
die Butter

C c

– –

D d

da
dabei
danken
dann
das
dein
dem
den
der
dich
dick
die
der Dienstag
dir
doch
der Donnerstag
draußen
drei
drinnen

du
dünn
dürfen

E e

das Ei
ein
eine
einen
einkaufen
einmal
eins
das Eis
die Eltern
die Ente
er
der Erwachsene
erzählen
es
der Esel
essen
etwas

F f

fahren
der Fahrer
das Fahrrad
Fahrrad fahren
das Fahrzeug
falsch

Wörterliste

Schreibe alle Wörter von dieser Seite, in denen ein **ß** vorkommt.

G g

	ganz
der	Garten
	geben
sie	gibt
der	**Geburtstag**
	gehen
ich	gehe
er	**geht**
	gelb
das	Geld
	gern
das	Geschenk
die	**Geschichte**
	glatt
	gleich
das	**Gras**
	groß
die	Großmutter
der	Großvater
	grün
	grüßen
	gut

die	**Familie**
	feiern
	fein
die	Ferien
	fernsehen
das	Fest
	finden
der	**Finger**
	fix
die	Flasche
	fliegen
die	Frage
	fragen
die	Frau
der	**Freitag**
	fressen
	freuen
der	Freund
die	Freunde
die	Freundin
	freundlich
	froh
	früher
der	Frühling
	fünf
	für
der	**Fuß**
	Fußball spielen

H h

das	Haar
	haben
sie	**hat**
	halten
die	**Hand**
	hart

der	Hase
das	**Haus**
die	**Häuser**
die	**Haut**
das	Heft
	heiß
	heißen
er	heißt
	helfen
	heraus
der	Herbst
der	Herr
	heulen
	heute
die	Hexe
	hier
	hinaus
	hinein
	hinter
	hören
	holen
der	**Hund**

Schreibe alle Wörter von dieser Seite, die einen Menschen benennen.

I i

	ich
der	Igel
	ihm
	ihn
	ihr
	im
	immer
	in
es	**ist**

J j

	ja
das	**Jahr**
	jedem
	jeder
	jetzt
	jung
der	Junge

K k

	kalt
die	Karte
die	**Katze**
	kaufen
	kein
die	Kerze
das	**Kind**
die	**Kinder**

die	Klasse		lecker		mir		**nein**
	klein		**legen**		**mit**		**neu**
	klettern	der	Lehrer	der	**Mittwoch**		neun
	klingeln	die	**Lehrerin**	der	Mixer		**nicht**
	können		**leicht**		mögen		nie
er	kann		leise	ich	mag		noch
	kommen		lernen	ich	**möchte**		nur
es	**kommt**		**lesen**	der	**Monat**		
der	**Kopf**	er	liest	der	**Montag**		
	krank	das	Licht	der	Morgen		
	kratzen		**lieb**		müssen		
	kriechen		lieben	ich	muss		
	kriegen	das	Lied	der	Mund		
	kurz		liegen	der	Mut		
			links	die	**Mutter**		
			lustig				

Schreibe die Wörter auf, die mit **kl** oder mit **kr** anfangen.

L l

	lachen
	lang
	langsam
	lassen
	laufen
	laut

M m

	machen
das	**Mädchen**
das	**Märchen**
	malen
sie	**malt**
die	Mama
	manchmal
der	Mann
die	**Maus**
das	Meer
	mehr
	mein
	mich
die	Milch

N n

	nach
die	Nacht
der	**Name**
die	Nase
	nass
	neben
	nehmen

Schreibe von dieser Seite die Wörter für alles auf, was laufen kann.

O o

	oder
	oft
	ohne
das	Ohr
die	**Oma**
der	**Onkel**
der	**Opa**
	Ostern

P p

das	Paar
der	Papa
das	**Papier**
die	Pause
der	Platz
	plötzlich
der	**Po**
die	Post
die	Puppe

Q q

der Quark
    quer
    quietschen

Schreibe alle Wörter von dieser Seite, in denen ein ie vorkommt.

R r

das Rad
der Räuber
    rechnen
    rechts
der Regen
die Reise
    reisen
    rennen
    retten
    richtig
    riechen
    riesig
der Ring
    rollen
    rot
der Rücken
    rufen

S s

die Sache
der Sack
    sagen
der **Samstag**

der Satz
    sauer
die **Schere**
das Schild
die Schilder
    schlafen
    schlecht
    schmecken
der Schnee
    schneiden
    schnell
    schön
    schon
    schrecklich
    schreiben
die **Schrift**
der Schüler
die Schülerin
die **Schule**
der Schulleiter
die Schulleiterin
    schwarz
    schwer
die **Schwester**
    schwimmen

    sechs
der See
    sehen
sie sieht
    sein
    selbst
    sich
    sicher
    sie
    sieben
wir **sind**
    singen
    sitzen
    so
    sofort
    sollen
der Sommer
die Sonne
der **Sonntag**
    spannend
    später
    spazieren gehen
das Spiel
    spielen
    spitz
    sprechen
    springen
    staunen
    stehen
    stören
die Straße
    streiten
die Stunde

    suchen
    süß
die Suppe

Schreibe alle Wörter, die mit sp oder st anfangen.

T t

die Tafel
der **Tag**
die **Tante**
die Tasche
die Tasse
der Tee
der Teller
das **Tier**
der Tisch
der **Titel**
    toll
    träumen
der Traum
die Träume
    traurig
    treffen
das Tuch
    turnen

U u

die Uhr
um
und
unser
unter
über

V v

der **Vater**
der **Verkehr**
verstehen
viel
vier
der **Vogel**
von
vor
vorbei
vorlesen

W w

wachsen
er wächst
wann
es war
warm

warten
warum
was
das Wasser
weich
Weihnachten
weiß
weit
wenn
wer
werden
es wird
wie
wie lange
wie oft
wieder
die Wiese
der Wind
der Winter
winzig
wir
wo
die **Woche**

wollen
ich **will**
womit
das **Wort**
wünschen

X x

– –

Y y

– –

Z z

der **Zahn**
zaubern
der Zaun
zehn

zeichnen
zeigen
die **Zeitung**
ziehen
der Zoo
zu
zuerst
zuletzt
zurück
zusammen
zwei
zwischen

Schreibe alle Wörter von dieser Seite, in denen ein ei vorkommt.

...und jetzt halte ich einen bärigen Bärenschlaf...

...deshalb begleitet Euch im nächsten Jahr meine Schwester Maxi durch das Buch... ...chr...chr...

KUNTERBUNT

Unser Sprachbuch für Klasse 2
Neubearbeitung

*mit
Lateinischer
Ausgangsschrift*

**Herausgegeben und in der
Neuauflage bearbeitet von**
Horst Bartnitzky und
Hans-Dieter Bunk.
Die Neubearbeitung entstand
auf der Grundlage der
Erstausgabe, die erarbeitet
wurde von
Horst Bartnitzky
Hans-Dieter Bunk
Ingrid Nicklaus
Mechtild Peisker
Ulrike Strunk.

Illustrationen:
Wolfgang Metzger

Beratung:
Thomas Bartelworth
Brigitte Beier
Ursula Bennink
Monika Böttges
Ursula Butz
Karola Collmann
Elisabeth Fürst
Angelika Gerlach
Ulrike Lueg
Marion Offergeld
Friedhelm Sarling
Christina Willert

Quellenhinweise

S.4/5 Fotos: o l, u l Hans-Dieter Bunk, Duisburg, Bernd Rechel; Mitte o l, Mitte u l Jörg-Peter Müller, Xanten; Mitte o r, Mitte u r, u r Hans-Dieter Bunk, Duisburg, Bernd Rechel; o r Heiner Flues, Wuppertal. **S.12** Foto: Thomas Mey, Erlangen. **S.14** Fotos: o r, u l Hans-Dieter Bunk, Duisburg; o l, M r und u r Jörg-Peter Müller, Xanten. **S.24** Fotos: o r Bilderberg (Wolfgang Voss), Hamburg; Mitte l, Mitte r, u l und u r Heiner Flues, Wuppertal. **S.28** Fotos: Hans-Dieter Bunk, Duisburg. **S.31** Fotos: Jörg-Peter Müller, Xanten. **S.32** Fotos: Mitte o, Mitte r Verlag Heinrich Vogel, München; Mitte l, u l und u r Thomas Mey, Erlangen. **S.40** Fotos: Hans-Dieter Bunk, Duisburg. **S.41** Foto: Thomas Mey, Erlangen. **S.48** Fotos: Hans-Dieter Bunk, Duisburg. **S.55** Fotos: Hans-Dieter Bunk, Duisburg. **S.56** Fotos: Hans-Dieter Bunk, Duisburg. **S.60** Foto: Wolfgang Metzger, Mühlacker. **S.62** Zeichnung: Andrea Sander. **S.68** Fotos: o l, u l Christine Leininger, Weinstadt; o Mitte Archiv Deutsches Jugendherbergswerk, Detmold; u Mitte Hermann Jahn; o r Hans-Dieter Bunk, Duisburg; u r Albert Berger, Heiden. **S.72** Fotos: Heiner Flues, Wuppertal. **S.73** Foto: Antony (Goersch). **S.78** Gedicht: Erhardt Dietl, Manchmal wäre ich gern ein Elefant, aus ders. „Manchmal wär ich gern ein Tiger", Ravensburger Buchverlag Otto Maier GmbH. **S.80** Fotos: u Mitte Hans-Dieter Bunk, Duisburg; Jörg-Peter Müller, Xanten. **S.84** Bildgeschichte: e.o. plauen: Der Schmöker. Aus: e.o. plauen, Vater und Sohn Gesamtausgabe, Südverlag GmbH, Konstanz 1982. Mit Genehmigung der Gesellschaft für Verlagswerte GmbH, Kreuzlingen/Schweiz. **S.87** Buchtitel: 1980, Beltz Verlag, Weinheim und Basel, Programm Beltz & Gelberg, Weinheim. **S.89** Fotos: Hans-Dieter Bunk, Duisburg. **S.94** Comic: Ines Rarisch, Düsseldorf.

Gedruckt auf Papier aus
chlorfrei gebleichtem Zellstoff, säurefrei.
Umschlag mit PP-Folie kaschiert,
umweltverträglich und recyclebar.

1. Auflage   1   5 4 3 2 1 | 2001 00 99 98 97

Alle Drucke dieser Auflage können im Unterricht nebeneinander benutzt werden, sie sind untereinander unverändert.
Die letzte Zahl bezeichnet das Jahr dieses Druckes.
© Ernst Klett Grundschulverlag GmbH, Leipzig 1997.
Alle Rechte vorbehalten.

Umschlag: Mit einem Motiv von Wolfgang Metzger
DTP: Anna-Maria Klages, Wuppertal
DTR: Satz+Layout Werkstatt Kluth, Erftstadt
Druck: KLETT DRUCK H.S. GmbH, Korb

ISBN 3-12-241000-1